最終改訂版

天符經

천부경

彌勒佛 譯

(株) 阿那

譯者 : 彌勒佛 (一名 : 金鉉斗)

『(最終改訂版) 天符經(천부경)』(2018)
『菩薩佛敎 妙法華經 (上, 下)(보살불교 묘법화경(상, 하)』(2018)
『菩薩佛敎 妙法華經解說 (1, 2, 3)(보살불교 묘법화경해설』(2018)
『(最終改訂版) 우주간의 법 해설 정본(正本) 반야바라밀다심경』(2016)
『(改訂版) 妙法華(묘법화)의 실상(實相)의 법(法)』(2015)
『진실(眞實)된 세계의 역사(世界歷史)와 종교(宗敎) 上』(2015)
『진실(眞實)된 세계의 역사(世界歷史)와 종교(宗敎) 下』(2015)
『(改訂版) 우주간의 법 해설 삼일신고(三一神誥)』(2015)
『(改訂版) 우주간의 법 해설 대승보살도의 기초교리』(2015)
『(改訂版) 불교기초교리핵심 81강』(2015)
『무량의경(無量義經) 약본(略本)』(2015)
『미륵불과 메시아』(2015)
『미륵부처님께서 밝히시는 한민족(韓民族)들이 가야만 하는 길』(2013)
『미륵부처님께서 밝히시는 문명(文明)의 종말(終末)』(2011)
『(改訂版) 우주간의 법 해설 무량의경(無量義經)』(2009)
『우주간의 법 해설 요한계시록』(2008)
『우주간의 법 해설 금강경』(2007)
화엄일승법계도 근본진리해설』(2002)
『현대과학 용어로 본 유식사상과 여래장과 선』(2003).
『격암유록 남사고비결 해설 上』(2001)

『격암유록 남사고비결 해설 下』(2001)

※ 절판도서 생략.

※ 메시아이신 미륵부처님께서 직접 주관하시는 정기법회와 특별법회를 통해 이미 출판된 책이나 지난 강의의 내용 중 천상(天上)의 변화 등으로 정정이 되어야 하는 부분들이나 천상(天上)의 소식을 브라만법화연수원 홈페이지(http://www.brahmanedu.org)에서 강의 동영상으로 공개되어 있습니다.

(最終改訂版) 天符經 (천부경)

역 자	彌勒佛
펴낸이	최 원 아
펴낸곳	(주) 아나, 2001년 1월 22일 등록 제 16 - 9호
초판 발행	2003년 8월 15일(1판 1쇄)
개정판	2018년 9월 20일(1판 1쇄)
주소	부산광역시 기장군 기장읍 차성남로 62
전화번호	(051) 723-2261 ~ 3
팩스	(051) 723-2264
홈페이지	http://www.brahmanedu.org (브라만법화연수원)
	(메시아이신 미륵부처님 직강 동영상과 법문 공개)
저작권	ⓒ 2018, (주)아나
가격	18,000원
ISBN	978-89-89958-65-9 (03220)

序 文

 한국(韓國)을 중심한『구막한제국(寇莫韓帝國)』이《구한(九桓)》을 지금의《작은곰자리(Little Bear)》별자리인《천일궁(天一宮)》에서《천제(天帝)》18분이《한웅(桓熊)》으로 이름하고 오시어 다스리시던 때가 BC 3898 ~ BC 2333년이다.

 이러한『구막한제국(寇莫韓帝國)』이 오늘날의《중원대륙》이며《구한(九桓)》이 세계 전체이다.

 즉, 고대『한국(韓國)』이 세계 전체를 지배(支配)할 때가 BC 3898 ~ BC 2333년이다.

 이러한 때 BC 3512년《석가모니 하나님 佛》께

서 5대《태우의 한웅(桓熊)》또는《태우의 황제(皇帝)》로 이름하고 오시어 한민족(韓民族)들에게 우주간(宇宙間)과 세간(世間)에 유일한 종교인《한단불교(桓檀佛敎)》를 창시하시어 전하여 주실 때 5대 경전(經典)이《묘법화경(妙法華經)》과《황제중경(皇帝中經)》과《황제내경(皇帝內經)》과《천부경(天符經)》과《삼일신고(三一神誥)》로써 보살불교(菩薩佛敎) 5대 경전(經典)이다.

이와 같은《한단불교(桓檀佛敎)》5대 경전 중의 하나가『천부경(天符經)』으로써 이를『천경(天經)』이라고도 한다.

이러한 5대 경전(經典)이 우주간(宇宙間)의 법(法)을 바탕으로 한《보살불교(菩薩佛敎)》와 함께 한민족(韓民族)에게는 무엇과도 바꿀 수 없는 중요한《문화유산》임을 오늘을 살고 있는《한민족(韓民族)》들은 알아야 하는 것이다.

이와 같은 『천부경(天符經)』은 《120억 년(億年)》《선천우주(先天宇宙)》의 역사가 간략히 기록된 경(經)으로써, 《석가모니 하나님 佛》께서 쓰시기로는 지금으로부터 《80억 년(億年)》전(前) 지금의 《오리온좌 성단》으로 불리우는 《천일일(天一一)》 우주에서 쓰신 경(經)이다.

 이렇듯 늦게 경(經)을 쓰신 사연은 지금으로부터 《100억 년(億年)》 전(前) 선천우주(先天宇宙) 양(陽)의 《하늘(天)》로 알려진 《천일궁(天一宮)》에서 《석가모니 하나님 佛》이 계시지 않는 틈을 타서

《대마왕신(大魔王神)》들과 《대마왕불(大魔王佛)》들이 그들의 추종 세력들과 함께 《아미타불(阿彌陀佛)》을 시해하는 《우주적 쿠데타》를 일으켜 《천일궁(天一宮)》을 포함한 《천일우주(天一宇宙) 100의 궁(宮)》의 9개 성단(星團)을 지배함으로써

이후 《천일우주(天一宇宙)》 100의 궁(宮) 아래에 만들어지는 전체 우주를 정복하여 《평등사상(平等思想)》

을 바탕으로 하여 자유롭게 진화(進化)하는 《인간 무리들》을 《통제(統制)》와 《독재(獨裁)》 속에 가두어

악(惡)이 창궐하는 우주(宇宙)로 만들어 《인간 무리들》의 진화(進化)를 방해하여 이들을 그들 무리들의 이용물로 부려 이용하여 전체 우주를 정복하여 《석가모니 하나님 불(佛)》과 《미륵보살》을 제거한 후 그들이 우주 전체를 지배하기 위한 야망(野望)을 실현하기 위해 《우주 쿠데타》를 도모한 것이었으나

때마침 《석가모니 하나님 불(佛)》께서 《오리온좌 성단》인 《천일일 우주(天一一 宇宙)》를 만드시어 《천(天)》과 《인(人)》의 우주를 장악하심으로써 《대마왕신(大魔王神)》들과 《대마왕불(大魔王佛)》은 선천우주(先天宇宙) 전체를 지배하지 못하고 《지(地)》의 우주(宇宙)만 그들의 수하에 두게 된 것이다.

이러한 사건으로 《석가모니 하나님 불(佛)》께서는 《오리온좌 성단》인 《천일일(天一一) 우주》에서 우주간(宇宙間)의 역사(歷史)를 밝히시는 《천부경(天符經)》

을 쓰시면서

《대마왕신(大魔王神)》들과 《대마왕불(大魔王佛)》들의 지배하에 있는 《천일궁(天一宮)》과 《천일우주(天一宇宙)》 100의 궁(宮)의 역사(歷史)는 제외하시고 《천일일(天一一) 우주》 위주로 《천부경(天符經)》을 쓰신 것이다.

이러한 이유 때문에 《미륵보살》도 지상(地上)의 서기 2000년 《미륵불(彌勒佛)》을 이루시고 2003년에 《천부진리완역》『천부경(天符經)』에 대한 책을 써서 세간에 발표할 때만 하더라도 《대마왕신(大魔王神)》들과 《대마왕불(大魔王佛)》들이 한결같이 《우주간(宇宙間)》과 《세간(世間)》에 활동하고 있었기 때문에 진실(眞實)된 《천부경(天符經)》을 쓰지 못하였으나

지상(地上)의 서기 2000년 《선천우주(先天宇宙)》를 마감하고 《후천우주(後天宇宙)》 초입에 들어선 이때 《석가모니 하나님 불(佛)》과 《미륵불(彌勒佛)》 두 분께서는 기라성 같은 《우주간(宇宙間)》과 《세간(世間)》에

서 활동하던 《대마왕신(大魔王神)》들과 《대마왕불(大魔王佛)》들과 이들의 추종 세력 모두들을 서기 2017년까지 모두 척결하여 《우주간(宇宙間)》과 《세간(世間)》에서 두 번 다시 발을 붙이지 못하도록 파(破)하여 영원히 사라지게 하고

《석가모니 하나님 불(佛)》께서는 그들 성단(星團)과 별(星)들이 진화(進化)하는 길인 《시계 반대 방향》의 회전(回轉)길인 《1-4-1의 진화의 길》을 모두 폐쇄하고 순리(順理)를 따르는 《시계 방향》 회전(回轉)길인 《1-3-1의 길》을 음양(陰陽)으로 나누시고

《음(陰)의 1-3-1의 길》을 《천(天)과 인(人)》의 우주 진화의 길에 있는 자(者)들이 따르고 《양(陽)의 1-3-1의 길》에 《지(地)》의 우주 진화하는 무리들이 따르게 하는 대이치의 변경을 단행하시어

《대마왕신(大魔王神)》과 《대마왕불(大魔王佛)》들이 원천적으로 자리하지 못하게 하는 조치를 취하신 것이다.

이로써 《미륵불(彌勒佛)》께서는 　이제야 《석가모니 하나님 불(佛)》의 진리(眞理)의 말씀을 《인간 무리들》에게 바로 알림으로써

《우주간(宇宙間)》과 《세간(世間)》에 단 하나 밖에 없는 《석가모니 하나님 불(佛)》의 《보살불교(菩薩佛敎)》를 바로하기 위해 진실(眞實)된 《천부경(天符經)》을 새로이 집필하여 여러분들께 진리(眞理)를 드러내는 바이니

부디 많은 《인간 무리》들이 이를 공부하여 괴로움과 고통이 따르지 않는 《열반성(涅槃城)》에 들어가시기를 간절히 빌며 새로운 《천부경(天符經)》을 내면서 인사의 글로 대하는 바이다.

서기 2018년 1월

글쓴이　미륵불(佛)

목 차

서 문 ··· 5

목 차 ··· 12

1. 천부경 독송(天符經讀誦) ··· 25

    천부경 한문경(韓文經) 독송 ·· 26

    천부경 직역(直譯) 한글경 독송 ···································· 28

    천부경 의역(意譯) 한글경 독송 ···································· 32

2. 천부경 해설(天符經解說)

[1] — 始無始 —

    『직역(直譯)』 ··· 37

『의역(意譯)』 ·· 38

『해설(解說)』

1) 개천이전(開天以前) 정명궁(正明宮)과 진명궁(眞明宮) · 39

　(1) 〔정명궁(正明宮)〕 ··· 41

　(2) 〔진명궁(眞明宮)〕 ··· 49

　(3) 〔진명궁(眞明宮) 진화(進化)의 숨은 사건 정리〕 ··· 57

[2] 析三極 無盡本

『직역(直譯)』 ·· 80
『의역(意譯)』 ·· 81
『해설(解說)』

1) 우주(宇宙)의 큰 두 갈래 길

　(1) [1-3-1의 길] ··· 82

　　① [1-3의 길] ··· 84

　　② [3-1의 길] ··· 85

　　③ [1-4의 길] ··· 85

　(2) [1-4-1의 길] ··· 86

　　① [1-4의 길] ··· 88

　　② [4-1의 길] ··· 88

③ [1-3의 길] ……………………………… 89

　2) 상천궁(上天宮) ……………………………………… 91

[3] 天一一 地一二 人一三

『직역(直譯)』 ………………………………………………… 103

『의역(意譯)』 ………………………………………………… 104

『해설(解說)』

1) 각 성단(星團)의 특징

　(1) 《천일일(天一一)》 우주(宇宙) (오리온좌 성단) ………… 107

　　① 알파성(星) 《베텔기우스(Betelgeuse)》 ………… 109

　　② 《벨라트릭스(Bellatrix) 성(星)》 ……………… 110

　　③ 《알니람(Alnilam) 성(星)》 ……………………… 110

　　④ 《리겔(Rigel) 성(星)》 …………………………… 111

　　⑤ 《기자(Giza)》의 피라미드 ……………………… 111

　(2) 지일일(地一一), 지일이(地一二) 우주

　　① [지일일(地一一) 우주(宇宙)] ……………………… 114

　　② [지일이(地一二) 우주(宇宙)] ……………………… 116

　(3) 인일일(人一一), 인일이(人一二), 인일삼(人一三) 우주

　　① [인일일(人一一) 우주(宇宙)] ……………………… 119

② 〔인일이(人一二) 우주(宇宙)〕 ························· 122

③ 〔인일삼(人一三) 우주(宇宙)〕 ························· 125

(4) 《태양수(太陽數) 9》 ································· 135

(5) 《태양성(太陽星)》 ···································· 137

2) 《천일궁(天一宮)》《우주쿠데타》의 실상(實相) ········· 140

[4] 十鉅一積 無匱化三

『직역(直譯)』 ·· 174

『의역(意譯)』 ·· 174

『해설(解說)』

1) 〔십거일적(十鉅一積)〕 ································ 176

(1) 십거(十鉅) ·· 176

(2) 〔일적(一積)〕 ·· 178

(3) 〔무궤화삼(無匱化三)〕 ······························ 181

① 〔무궤화일(無匱化一)〕 ···························· 189

② 〔무궤화이(無匱化二)〕 ···························· 191

③ 〔무궤화삼(無匱化三)〕 ···························· 202

㉮ 천궁(天宮)의 세 번 변화 ················· 202

㉯ 천궁(天宮) 외곽의 움직임 없이 자리하는

공후수 ··· 203

(4) 〔십거일적도(十鉅一積圖)〕 ·· 207

〔십거일적도(十鉅一積圖)와 천궁도(天宮圖)〕

① 〔무궤화일(無匱化一) 천궁도(天宮圖)〕 ············ 209

② 〔무궤화이(無匱化二) 천궁도(天宮圖)〕 ············ 210

　㉮ 십거일적도(十鉅一積圖) 〈2×2도(圖)〉와 관련 천궁도(天宮圖)

　㉯ 십거일적도(十鉅一積圖) 〈3×3도(圖)〉와 관련 천궁도(天宮圖)

　㉰ 십거일적도(十鉅一積圖) 〈4×4도(圖)〉와 관련 천궁도(天宮圖)

　㉱ 십거일적도(十鉅一積圖) 〈6×6도(圖)〉와 관련 천궁도(天宮圖)

③ 〔무궤화삼(無匱化三) 《천궁도(天宮圖)》〕 ······· 215

　㉮ 십거일적도(十鉅一積圖) 〈8×8도(圖)〉와 관련 천궁도(天宮圖)

　㉯ 십거일적도(十鉅一積圖) 〈10×10도(圖)〉와 관련 천궁도(天宮圖)

　㉰ 십거일적도(十鉅一積圖) 〈12×12도(圖)〉와 관련 천궁도(天宮圖)

(5) 《천(天)》과 《인(人)》의 우주(宇宙)

《원(圓)》의 구분법 ················ 220

(6) 『8의 우주(宇宙)』 ······································ 224

[5] 天二三 人二三 地二三 ·································· 230

『직역(直譯)』 ·· 231

『의역(意譯)』 ·· 231

『해설(解說)』

1) 『천이삼(天二三) 우주(宇宙)』 ································ 232

2) 『인이삼(人二三) 우주(宇宙)』와 『지이삼(地二三)
   우주(宇宙)』 ··· 233

3) 『태양수(太陽數) 9』와 《태양성(太陽星)》 ················ 241

4) 관련 천궁도(天宮圖) 설명 ································ 241

   (1) [천이삼(天二三) 우주] ································ 242

   ① 지일이(地一二)에서 이전 〈8×5×8〉도(圖)

   ② 〈8×5×8〉圖의 음양합일도(陰陽合一圖)
      〈8×6×8〉圖

   ③ 인일삼(人一三) 우주에서 이전 〈12×4×12〉圖
      (〈12×3×12〉圖 음양합일도)

   ④ 인일삼(人一三) 우주에서 이전 〈12×6×12〉圖

   ⑤ 《천이삼(天二三)》 우주(宇宙)의 합계 공후수

(2) 〔인이삼(人二三) 우주(宇宙)〕 ················· 244

　① 인일이(人一二) 우주에서 이전 〈12×7×12〉圖

　② 〈12×7×12〉圖의 음합일도(陰陽合一圖)
　　 〈12×8×12〉圖

　③ <12×1×12> + <12×7×12>
　　 = <24×8×24>圖

　④ 《인이삼(人二三)》 우주(宇宙)의 합계 공후수

(3) 〔지이삼(地二三) 우주(宇宙)〕 ················· 246

　① 지일삼(地一三)에서 이전 <10×4×10>圖

　② 지일삼(地一三)에서 이전 <10×5×10>圖

　③ <10×5×10>음양합일도(陰陽合一圖)
　　 <10×6×10>圖

　④ <10×1×10> + <10×2×10>
　　 = <20×3×20>圖

　⑤ 《지이삼(地二三)》 우주(宇宙)의 합계 공후수

(4) 《천이삼(天二三)》,《인이삼(人二三)》,《지이삼(地二三)》
　　 우주(宇宙) 크기 비교 ················· 249

[6] 大三合 六生七八九

『직역(直譯)』 ················· 252

『의역(意譯)』 ··· 252

『해설(解說)』

1) 『대삼합(大三合)』 ································· 253

　(1) 대일합(大一合) : 상계(上界)의 우주(宇宙)

　(2) 대이합(大二合) : 〔중계(中界)의 우주(宇宙)〕

　(3) 대삼합(大三合) : 〔하계(下界)의 우주(宇宙)〕

2) 육생칠팔구(六生七八九)

　(1) 6의 우주(宇宙) ····························· 256

　(2) 7의 우주(宇宙) : 〔지(地)의 우주(宇宙)〕 ········· 258

　(3) 8의 우주(宇宙) : 〔인(人)의 우주(宇宙)〕 ········· 259

　(4) 9의 우주(宇宙) : 〔천(天)의 우주(宇宙)〕 ········· 260

[7] 運　三四成環　五七

『직역(直譯)』 ··· 261

『의역(意譯)』 ··· 262

『해설(解說)』 ··· 263

[8] 一妙衍　萬往萬來用

『직역(直譯)』 ··· 265

『의역(意譯)』 ··· 265

『해설(解說)』 ··· 266

[9] 變不動本 本心本

『직역(直譯)』 ··· 268

『의역(意譯)』 ··· 268

『해설(解說)』

1) [삼진(三眞)] ·· 269

2) [성(性)의 30궁(宮)] ··· 271

3) [삼진(三眞)과 성(性)의 30궁(宮)과의 관계] ············ 274

4) [지일(地一)의 7성(星)] ·· 291

[10] 太陽仰明

『직역(直譯)』 ··· 292

『의역(意譯)』 ··· 292

『해설(解說)』 ··· 293

[11] 人中天地一

『직역(直譯)』 ··· 295

『의역(意譯)』 ··· 296

『해설(解說)』 ··· 296

[12] ―終無終―

『직역(直譯)』 ··· 298

『의역(意譯)』 ··· 299

『해설(解說)』

1) 법공(法空) ··· 299

  (1) 법공(法空)의 1회(回) 진화(進化)의 주기 정리 ······ 302

  (2) 휴식기의 법공(法空) ··· 303

  (3) 진화기(進化期)의 법공(法空) ······························ 306

2) 《대공(大空)》 ·· 313

  (1) 《대공(大空)》 속의 진화(進化) ··························· 315

  (2) 《삼진(三眞)》과 《성(性)의 30궁(宮)》 ················· 319

  (3) 《정진(精進)》 ··· 324

[13] 천부경 직역 ·· 329
[14] 천부경 의역 ·· 335

부록

[도형] 법공(法空) 1회 진화(進化) 주기 ·················· 345
[그림] 법공(法空)의 주요 역사 ·························· 346
[그림] 상천궁(上天宮)과 대공(大空)의 단면 둘레 ········ 347
[그림] 법공(法空)과 천일우주(天一宇宙)의 단면 둘레 ·· 348
[그림] 상천궁(上天宮) 10성(星)의 탄생 ···················· 349
[그림] 유정천(有頂天) 위치 ···························· 350
[그림] 우리들 태양계(太陽界)의 위치 이동 ············ 351
테라(Terah)에 대한 참고자료 목록 ····················· 352
아브람(Abram)에 대한 참고자료 목록 ···················· 352
베드로에 대한 참고자료 목록 ·························· 353
콘스탄틴 대제에 대한 참고자료 목록 ······················ 354
성리학(性理學)에 대한 참고자료 목록 ···················· 354
지(智, 슬기)에 대한 참고자료 목록 ···················· 355
십이인연법(十二因緣法)에 대한 참고자료 목록 ············ 357
참회기도에 대한 참고자료 목록 ························ 358
[표] 원본 천부경(天符經)과 왜곡된 천부경 비교 ········ 360

표, 그림 목록

[그림] 1-3-1의 길 ················· 84

[그림] 1-4-1의 길 ················· 87

[그림] 상천궁(上天宮) 10성(星) ············ 94

[그림] 이집트 기자(Giza)의 대피라미드 ········ 108

[그림] 오리온 별자리 성단 ············· 109

[그림] 천일일(天ーー), 인일일(人ーー), 인일이(人ー二)
　　　 우주의 주요 별자리 ············· 124

[표] 양자태양성(陽子太陽星)과 양전자태양성(陽電子太陽星)의
　　　 구체적인 수명(壽命) 정리 ··········· 139

[그림] 백조자리 별자리 ··············· 152

[그림] 목동자리 별자리 ··············· 152

[그림] 십거일적도(十鉅一積圖)의 무게화일도와
　　　 〈6×6도(圖)〉 ················· 189

[그림] 십거일적도(十鉅一積圖)와 무게화이 ······ 191, 192

[그림] 십거일적도(十鉅一積圖)의
　　　 무게화삼도(無匱化三圖) ············ 202

[그림] 천궁(天宮)의 세 번 변화 ··········· 203

[그림] 무궤화삼(無匱化三) 때 천궁(天宮) 외곽의

움직임없이 자리하는 공후수 ·············· 204

[그림] 십거일적도(十鉅一積圖) ················ 207

[그림] 십거일적도(十鉅一積圖)와 〈6×6도(圖)〉 ········ 212

[그림] 천(天)과 인(人)의 우주 원(圓)의 구분 도형 ····· 220

[그림] 선천우주(先天宇宙) 때의 지이삼(地二三) 우주 ··· 238

[그림] 후천우주(後天宇宙) 때의 지이삼(地二三) 우주 ··· 238

[도형] 마음(心) A ··································· 277

[도형] 마음(心) B ··································· 277

[표] 법공(法空)의 1회 진화(進化) 주기 정리 ·········· 302

[그림] 휴식기 법공도(法空圖) ··················· 304

[그림] 진화기 법공도(法空圖) ··················· 312

1. 천부경 독송(天符經 讀誦)

개경게
開經偈

무상심심미묘법　　**백천만겁난조우**
無上甚深微妙法　　　百千萬劫難遭遇

아금문견득수지　　**원해여래진실의**
我今聞見得受指　　　願解如來眞實意

개법장진언
開法藏眞言

옴 아라남 아라다
唵　阿羅喃　阿羅馱

옴 아라남 아라다
唵　阿羅喃　阿羅馱

옴 아라남 아라다
唵　阿羅喃　阿羅馱

『천부경 한문경 독송』(3번)
天符經　韓文經　讀誦

一始無始一
일시무시일

析三極 無盡本
석삼극　무진본

天一一 地一二 人一三
천일일　지일이　인일삼

十鉅一積 無匱化三
십거일적　무궤화삼

天二三 人二三 地二三
천이삼　인이삼　지이삼

大三合 六生七八九
대삼합　육생칠팔구

運三四 成環五七
운삼사　성환오칠

一妙衍 萬往萬來用
일묘연　만왕만래용

變不動本 本心本
변부동본　본심본

太陽昂明
태양앙명

人中天地一
인중천지일

一終無終一
일종무종일

『천부경 직역 한글경 독송』 (3번)
天符經　　直譯　　　　讀誦

하나의 시작이 없는 시작이

하나가 되어

1-3-1의 길을 이루고

(하나가) 셋으로 나뉘어진 끝에

씨앗이 다하여 없어져

상천궁(上天宮)《여섯 뿌리》우주가 탄생이 되어

천일일(天一一), 지일이(地一二), 인일삼(人一三)

우주(宇宙)를 만들고

《태양수(太陽數) 9》를 가진

《태양성(太陽星)》을 탄생시켜

열(十)을 크게 하여 하나(一)를 쌓고

빈 궤가 세 번 변화하여

8의 우주(宇宙) 핵(核)을 탄생시킴으로써

《천이삼(天二三)》,《인이삼(人二三)》,
《지이삼(地二三)》 우주(宇宙)가 자리하고
《태양수(太陽數) 9》를 가진
《태양성(太陽星)》들이 탄생되어

대삼합을 한 결과,
6의 우주(宇宙)들을 탄생시켜
7, 8, 9의 우주(宇宙)가 만들어지는 가운데
8의 우주인 우리들《태양계(太陽界)》에서는

《노사나불(盧舍那佛)》《진신삼성(眞身三星)》과
《석가모니 하나님 부처님》《진신사성(眞身四星)》이
둥근 원(圓)의 고리를 이루고
《1-4의 길》 운행을 하게 되면
《지일(地一)》의 나머지 행성(行星)들이 자리하여
《지(地)의 우주》 운행길을 따르는 가운데

하나의 묘한 남음이

만 번 갔다가 만 번 오는 움직임을
《우리들 태양계(太陽界)》에서 일으킴으로써

변하지 아니하는 움직이는 근본 뿌리가
본래《마음(心)》의 근본 뿌리이며,
지일(地一)의 7성(星) 무리들도 마찬가지로써

태양(太陽)을 우러러 밝음에 듦으로써
《1-3의 길》을 따라 들어가

인(人)의 우주 가운데서
천(天)의 우주와 지(地)의 우주가 하나가 되어
《1-3-1의 길》을 따라

《법공(法空)》진화(進化)의
끝남이 없는 끝남이
다시《법공(法空)》으로 돌아가니

《1-3-1의 길》 운행(運行)도 끝이 나는 것이다.

『천부경 의역 한글경 독송』(3번)
天符經　意譯　　　讀誦

《정명궁(正明宮)》
《진화(進化)》와 《탄생(誕生)》이
《중성자알대일(中性子卵大一)》이 되어
1-3-1의 길을 이루고

《중성자알대일(中性子卵大一)》의 대폭발로
1-3의 길과 3-1의 길과 1-4의 길 등
세 갈래 길로 나뉘어진 끝에
《개천이전(開天以前)》《정명궁(正明宮)》에
의해 만들어졌던
물질(物質)의 씨앗들이 다하여 없어져
상천궁(上天宮) 《여섯 뿌리》 우주(宇宙)가
탄생이 되어

《천일일(天一一)》 우주를 중심하여
《지일일(地一一)》 · 《지일이(地一二)》 우주와
《인일일(人一一)》 · 《인일이(人一二)》 ·

《인일삼(人一三)》 우주를 만들고
《태양수(太陽數) 9》를 가진
《태양성(太陽星)》을 탄생시켜

열(十)을 하나(一)까지 크게 펼치고
하나(一)를 쌓아 아홉(九)을 이루므로
우주(宇宙)의 근본 바탕이
세 번 팽창하여
8의 우주(宇宙) 핵(核)을 탄생시킴으로써

《천이삼(天二三) 우주(宇宙)》와
《인이삼(人二三) 우주(宇宙)》와
《지이삼(地二三) 우주(宇宙)》가
차례대로 자리하고
《태양수(太陽數) 9》를 가진
《태양성(太陽星)》들이 탄생되어

대일합(大一合), 대이합(大二合),

대삼합(大三合)을 한 결과
상계(上界)의 6의 우주(宇宙)들을
탄생시켜
7, 8, 9의 우주(宇宙)가
만들어지는 가운데
8의 우주인
우리들《태양계(太陽界)》에서는

《태양성(太陽星)》과《수성(水星)》과
《금성(金星)》이
《지구(地球)》와《달(月)》과《화성(火星)》과
《목성(木星)》과 함께
둥근《원(圓)》의 고리를 이루고
《1-4의 길》운행(運行)을 하게 되면
다음으로《토성》,《천왕성》,《해왕성》,
《명왕성》이 자리하여
《지(地)의 우주》운행 길을
따르는 가운데

《석가모니 하나님 부처님》의 나뉨인

《삼진(三眞)》이
만 번 갔다가 만 번 오는 움직임을
《우리들 태양계(太陽界)》에서
일으킴으로써

변하지 아니하는 움직이는 근본 뿌리가
본래 《성(性)의 30궁(宮)》이며
지일(地一)의 7성(星) 무리들도
마찬가지로써

《성(性)의 30궁(宮)》이
《지혜(智慧)》의 완성(完成)을 이루어
《순리(順理)》를 따라 돌아서 들어가

인(人)의 우주 가운데서
천(天)의 우주와 지(地)의 우주가
하나가 되어
《순리(順理)》를 따르는

《시계 방향》회전길을 따라

《법공(法空)》진화(進化)의
끝남이 없는 끝남이
다시 《법공(法空)》으로 돌아가니
《순리(順理)》를 따르는
《시계 방향》회전길 운행(運行)도
끝이 나는 것이다.

나무 천부경, 나무 천부경, 나무 천부경,
南無 天符經　南無 天符經　南無 天符經,

나무 천부경, 나무 천부경, 나무 천부경,
南無 天符經　南無 天符經　南無 天符經,

나무 천부경, 나무 천부경, 나무 천부경,
南無 天符經　南無 天符經　南無 天符經,

나무 천부경
南無 天符經

『나무 천부경 독송 종』(3번)
　南無　天符經　讀誦　終

2. 천부경 해설(天符經解說)

[1]
```
 一   始無始   一
 일   시무시   일
         (5)
```

※ 전체 글자수 《5》의 수리(數理)는 《시계 방향》 회전(回轉) 길인 《1-3-1의 길》로써 성단(星團)과 별(星)들이 만들어져 회전(回轉)하는 길을 말한다.

『직역(直譯)』

『하나의 시작이 없는 시작이
하나가 되어
1-3-1의 길을 이루고』

『의역(意譯)』

※ 《一始(일시)》의 《하나(一)》는 《개천이전(開天以前)》《정명궁(正明宮)》을 뜻하며, 始無始(시무시)인 『시작이 없는 시작』은 《진화(進化)》와 《탄생(誕生)》을 의미하며, 《始一(시일)》의 《하나(一)》는 《정명궁(正明宮)》이 진화(進化)의 끝에 《탄생》시키는 《중성자알대일(中性子卵大一)》을 뜻하는 것이다. 이를 감안한 의역(意譯)은 다음과 같다.

『《정명궁(正明宮)》
《진화(進化)》와 《탄생(誕生)》이
《중성자알대일(中性子卵大一)》이 되어
1-3-1의 길을 이루고』

※ 《직역(直譯)》과 《의역(意譯)》에 있어서 《석가모니 하나님 부처님》께서 뜻하시는 바는 《의역(意譯)》에

있음을 분명히 한다.

『해설(解說)』

1) 〔개천이전(開天以前)

　　　《정명궁(正明宮)》과《진명궁(眞明宮)》〕 [1)]

거대한《법공(法空)》을《법성(法性)》이라고도 한다. 이러한《법공(法空)》의 1회(回) 진화(進化)의 주기(週期)는 법공(法空) 전체적으로는 10,000억 년(億年)이며,

---

1) 미륵불(2016), (최종개정판) 우주간의 법 해설 정본(正本) 반야
　　바라밀다심경(般若波羅蜜多心經), ㈜아나
　미륵불(2015), (개정판) 묘법화의 실상의 법, ㈜아나
　미륵불(2015), (개정판) 우주간의 법 해설 삼일신고(三一神誥),
　　㈜아나 등.
http://brahmanedu.org/hanguk/books/heart/books_heart_vods
1.html(제1회 정본 반야바라밀다심경 강의 동영상 2016.2.8)
http://brahmanedu.org/hanguk/books/heart/books_heart_vods
.html (제2회 정본 반야바라밀다심경 강의 동영상 2016.2.8.) 등.

법공(法空) 중심점의 시간으로는 1,000억 년(億年)이다.

 이와 같은 《법공(法空)》은 《진화기의 법공(進化期法空)》과 《휴식기 법공(休息期法空)》 둘로 나누며, 《법공(法空)》 단면적의 둘레는 약 《7,160광년(光年)》이며

《법공(法空)》이 진화기(進化期)에 들어선지 10억 년(億年)만에 《법공(法空)》 크기의 40%에 달하는 단면적 둘레가 《5,275.2광년(光年)》되는 《대공(大空)》을 《법공(法空)》 내부에 만들게 된다.

 이러한 《대공(大空)》을 만들기까지 《법공(法空)》 외곽에 자리한 무색투명한 고열을 가진 《순수 진공(眞空)》이 《암흑물질》과 결합하여 고열을 가진 《여섯 뿌리 진공(眞空)》으로 바뀌어 《대공(大空)》의 경계를 진화기(進化期) 시작 이후 10억 년(億年)만에 만듦으로써 《대공(大空)》 내(內)에는 《법공(法空)》 크기의 《40%》가 되는 《암흑물질》이 가득 차게 되는 것이

다.

이와 같이 《대공(大空)》이 만들어지기 까지는 《순수 진공(眞空)》인 《세제일법진공(世第一法眞空)》과 《여섯 뿌리 진공(眞空)》이 음양(陰陽) 짝을 한 《진공(眞空)》의 진화(進化) 기간이 된다.

(1) [정명궁(正明宮)]

이후 《대공(大空)》 내(內) 북쪽 끝에 5억 년(億年)에 걸쳐 《법공(法空)》 외곽(外廓)으로부터 마지막으로 《세제일법 진공(世第一法眞空)》과 《여섯 뿌리 진공(眞空)》이 혼재가 되어 분출되어

《시계 방향》 회전길인 《3-1의 길》을 이루고 거대한 《공(空)》을 만든 후 이후 5억 년(億年) 동안 《커블랙홀(Rotating black hole)》 작용 기간에 돌입한다.

이렇게 하여 만들어진 《커블랙홀(Kerr Black Hole)》이 《석가모니 하나님 부처님》의 육신(肉身)으로써 《정명궁(正明宮)》이라고 한다.

이러한 《정명궁(正明宮)》 《커블랙홀(Kerr Black Hole)》 내(內)에서는 《여섯 뿌리 진공(眞空)》이 《암흑물질》과 결합하여 《여섯 가지 진공(眞空)》을 이루고 이러한 《여섯 뿌리 진공(眞空)》과 《여섯 가지 진공(眞空)》이 음양(陰陽) 분리되어 넷을 이루고 이와 같은 넷이 《암흑물질》 음양(陰陽) 둘과 합(合) 여섯이 되어 결합하여 진화(進化)를 하게 되는데

이러한 《대공(大空)》 속의 진화(進化)를 《반야공(般若空)》 진화(進化)라고 하며,

이와 같은 《반야공(般若空)》 진화(進化)는 《정명궁(正明宮)》의 《태양수(太陽數) ⊕9의 핵(核)》의 과정과 《화이트홀》 과정과 《퀘이샤》 과정과 《황금알 대일(大一)》의 과정을 각각 10억 년(億年)을 거치면서

《거대한 공(空)》의 과정과 커블랙홀 과정 포함한 50억 년(億年), 법공(法空) 진화기(進化期) 이후 60억 년(億年)만에 《정명궁(正明宮)》은 《황금태양(黃金太陽)》으로 탄생하는 것이다.

《정명궁(正明宮)》《커블랙홀(Rotating black hole)》 진화(進化)의 대표되는 것이 《색수상행식(色受相行識)》 등 《오온(五蘊)》의 진화(進化)가 첫 진화(進化)가 되며, 《색(色)》의 단계가 개체의 《여섯 뿌리 진공(眞空)》과 개체의 《암흑물질》이 음양(陰陽) 짝을 하여 《반야공(般若空)》을 이루고

이로써 서로 받아들이는 《수(受)》의 과정과 색깔·모양이 결정되는 《상(相)》의 과정과 이들 간에 셋이 모여 하나를 이루는 《삼합(三合)》의 과정인 《행(行)》의 과정과 이로써 탄생하는 《식(識)》의 과정을 《오온(五蘊)》의 과정이라 한다.

이러한 《식(識)》이 현대 과학 용어로 《글루볼(glue

ball)》과 《쿼크(quark)》가 음양(陰陽) 짝을 한 《알음알이》로써

《식(識)》이 여섯 번째로 셋이 모여 하나를 이루는 삼합 작용(三合作用)을 한 끝에 탄생하는 것이 만물(萬物)의 씨종자로써 《중성자(中性子)》, 《양자(陽子)》, 《중간자(中間子)》, 《양전자(陽電子)》, 《전자(電子)》 등 다섯 기초 원소를 탄생시키는 것이다.

이와 같은 《다섯 기초 원소》 역시 《반야공(般若空)》들인 것이며, 《다섯 기초 원소》 탄생 이후 《영체진화(靈體進化)》와 《고체진화(固體進化)》로 갈라지게 되는데,

《영체진화(靈體進化)》를 집중적으로 설명하면, 다섯 기초 원소 중 《중간자(中間子)》는 변환 과정에 있는 기초 원소이기 때문에 이를 제외한 《중성자(中性子)》와 《양전자(陽電子)》는 《양자(陽子)》와 《전자(電子)》의 진화(進化)를 돕기 위해 탄생한 기초 원소로써 정작 진화(進化)의 대상은 《양자(陽子)》와 《전자(電子)》

인 것이다.

 이와 같은《기초 원소》중《영체(靈體)의 진화(進化)》를 하는 기초 원소는《석가모니 하나님 부처님》의《정명궁(正明宮)》에서《석가모니 하나님 부처님》의 정명(正命)인《양전자(陽電子)》를 받아 이러한《양전자(陽電子)》가《중성자(中性子)》와《양자(陽子)》와《양전자(陽電子)》와《전자(電子)》를 둥글게 감싸면《생명력(生命力)》을 얻어《중성자영(中性子靈)》과《양자영(陽子靈)》과《양전자영(陽電子靈)》과《전자영(電子靈)》으로 전환이 된다.

 이렇게《생명력(生命力)》을 얻은《영(靈)》들 중《중성자영(中性子靈)》과《양전자영(陽電子靈)》이《불성(佛性)》을 이루고 정작 진화(進化)의 대상은《양자영(陽子靈)》과《전자영(電子靈)》으로서《영체진화(靈體進化)》를 하는 만물(萬物)의 씨종자가 되는 것이다.

《정명궁(正明宮)》《커블랙홀》의 작용(作用) 때 《영체진화(靈體進化)》를 하는 《영(靈)》들은 《커블랙홀(Rotating black hole)》 중심부로 끌어 당겨지고 《고체진화(固體進化)》를 하는 《중성자(中性子)》, 《양자(陽子)》, 《양전자(陽電子)》, 《전자(電子)》, 《중간자(中間子)》는 《커블랙홀》 외곽에 자리한 후

《중성자(中性子)》, 《양자(陽子)》, 《양전자(陽電子)》는 《커블랙홀》의 표면으로 남고 《전자(電子)》와 《중간자(中間子)》와 《여섯 가지 진공(眞空)》은 《커블랙홀》 상극(相剋)의 길을 따라 《정명궁(正明宮)》《커블랙홀》로부터 《5억 년(億年)》 바깥으로 분출이 되어 《진명궁(眞明宮)》의 바탕을 이룬다.

이러한 작용을 계속하면서 《정명궁(正明宮)》《커블랙홀(Kerr Black Hole 또는 Rotating black hole)》은 《5억 년(億年)》 작용을 끝마치고

다음 진화(進化)의 단계인 《태양수(太陽數) ⊕9 핵(核)》의 과정과 《화이트홀(White hole)》 과정과 《케이샤

(Quasar)》 과정과 《황금알대일(黃金卵大一)》의 과정을 각각 10억 년(億年)씩 겪고

법공 진화기(法空進化期) 시작 이후 60억 년(億年) 때 대공(大空) 속에서 거대한 《공(空)》의 구성기를 합한 50억 년(億年)만에 《황금태양(黃金太陽)》으로 탄생한 것이다.

이와 같은 《정명궁(正明宮)》《황금태양(黃金太陽)》은 《황금태양(黃金太陽)》으로 태어난 후 곧바로 《황금태양(黃金太陽)》《핵(核)》의 붕괴로 10억 년(億年) 동안 많은 《여섯 뿌리 진공(眞空)》과 《여섯 가지 진공(眞空)》을 《황금태양(黃金太陽)》 바깥에 있는 《암흑물질》층으로 쏟아내어

《여섯 뿌리 진공(眞空)》과 《여섯 가지 진공(眞空)》이 《암흑물질(Dark matter)》과 결합하여 진화(進化)함으로써 많은 《영(靈)》들과 《다섯 기초 원소》를 탄생시켜 수많은 《복합원소》와 《물질(物質)》을 만들면서 《음(陰)의 36궁(宮)》 경계를 만드는 것이다.

이때 만들어지는 《음(陰)의 36궁(宮)》경계 안은 《초기 우주(初期宇宙)》이기 때문에 《고온과 고압》이 작용(作用)한 관계로 이후《복합원소》들이 《물(水)》, 《흙(土)》, 《돌(石)》 등 광물질(鑛物質)들과 많은 물질(物質)들을 탄생시키는 것이다.

이와 같이 《정명궁(正明宮)》《황금태양(黃金太陽)》은 《핵(核)》의 붕괴로 10억 년(億年) 동안 많은 《여섯 뿌리 진공(眞空)》과 《여섯 가지 진공(眞空)》을 쏟아낸 후 이후《내부 수축기》기간을 30억 년(億年) 가진 뒤 곧바로《중성자알대일(中性子卵大一)》로 거듭 태어난 것이다.

이렇게 하여 태어난《중성자알대일(中性子卵大一)》이 때에 만들어져 있던《음(陰)의 36궁(宮)》경계 안에서 대폭발을 일으켜《개천(開天)》이 되면서《상천궁(上天宮)》이 탄생하여 현존우주(現存宇宙)의 뿌리가 되는 것이다.

이러한 대폭발(大爆發)을 《현대천문학》에서는 《빅뱅(Big Bang)》이라고 하는 것이다.

※ 지금까지 설명드린 바대로 《一始(일시)》의 《하나(一)》가 《정명궁(正明宮)》이 되며, 《始無始(시무시)》인 《시작이 없는 시작》이 《진화(進化)》와 《탄생(誕生)》이 되며, 《始一(시일)》의 《하나(一)》가 《정명궁(正明宮)》이 진화(進化)하여 궁극적으로 탄생한 《중성자알대일(中性子卵大一)》이 되는 것임을 실감하였을 것이다.

(2) [진명궁(眞明宮)]

《정명궁(正明宮)》《커블랙홀》과정을 거칠 때 《중성자(中性子)》, 《양자(陽子)》, 《중간자(中間子)》, 《양전자(陽電子)》, 《전자(電子)》 등 《다섯 기초 원소》가 탄생한 후

《중성자(中性子)》와 《양전자(陽電子)》와 《양자(陽子)》 등은 《정명궁(正明宮)》《커블랙홀》에 남고

《전자(電子)》와 《중간자(中間子)》와 《여섯 가지 진공(眞空)》은 《정명궁(正明宮)》《커블랙홀》 상극(相剋)의 길에 자리하였다가 《정명궁(正明宮)》《커블랙홀》로부터 《1-4의 길》인 《지(地)》의 우주(宇宙) 길을 따라 《시계 반대 방향》 회전(回轉)으로 5억 년(億年) 거리 바깥으로 밀려 나게 된다.

이렇게 하여 밀려난 《전자(電子)》와 《중간자(中間子)》와 《여섯 가지 진공(眞空)》은 5억 년(億年)에 걸쳐 거대한 《시계 반대 방향》 회전하는 《4-1의 길》 공(空)을 이룬다.

이러한 이후 《4-1의 길》에 있는 거대한 《공(空)》은 《커블랙홀》 작용을 5억 년(億年)간 하게 된다.

이러한 《커블랙홀》을 《정명궁(正明宮)》의 분신(分身)의 궁(宮)으로써 《진명궁(眞明宮)》이라고 한다.

《정명궁(正明宮)》의 궁주(宮主)는 《석가모니 하나님 부처님》이시나 이렇게 만들어진 《진명궁(眞明宮)》의 궁주(宮主)는 《석가모니 하나님 부처님》의 분신(分身)(橫) 중 한 분이신 《비로자나》가 진화(進化)를 담당하는 궁주(宮主)가 되는 것이며,

《진명궁(眞明宮)》이 《커블랙홀》 진화(進化)를 마쳤을 때가 법공(法空) 진화기(進化期) 이후 30억 년(億年)이 되는 때로써 이때의 특이사항은 《정명궁(正明宮)》에서 분출되었던 《중간자(中間子)》가 진화되어 《양자(陽子)》를 이룬 것이다.

《진명궁(眞明宮)》《커블랙홀》의 과정에서도 많은 《다섯 기초 원소》가 탄생되어 《양전자(陽電子)》와 《중간자(中間子)》와 《전자(電子)》는 《진명궁(眞明宮)》《커블랙홀(Kerr black hole)》에 남고 《중성자(中性子)》와 《

양자(陽子)》는 《진명궁(眞明宮)》《커블랙홀》로부터 상극(相剋)의 길인 《시계 방향》 회전길을 따라 5억 년(億年) 바깥으로 밀려나 《정명궁(正明宮)》《화이트홀》 과정에 합류를 하는 것이다.

한편, 《진명궁(眞明宮)》《커블랙홀》 과정에서 남은 《양전자(陽電子)》와 《중간자(中間子)》와 《전자(電子)》 중 《영체진화(靈體進化)》를 하는 무리들은 《진명궁(眞明宮)》《커블랙홀》에서 만들어진 《진명(眞命)》인 《양전자(陽電子)》가 다시 둥글게 감싸면 생명력(生命力)을 얻어 《양전자(陽電子)》는 《양전자영(陽電子靈)》이 되고 《중간자(中間子)》는 《양자(陽子)》로 진화하며 《전자(電子)》는 《전자영(電子靈)》이 되고

《정명궁(正明宮)》에서 《중간자(中間子)》로 분출되어 《진명궁(眞明宮)》《커블랙홀》에서 《양자(陽子)》로 진화(進化)하였던 《양자(陽子)》는 《양자영(陽子靈)》이 되어

이렇게 하여 만들어진 《양전자영(陽電子靈)》과 《양자

영(陽子靈)》과 《전자영(電子靈)》은 《진명궁(眞明宮)》《커 블랙홀》 중심부로 모이고

《고체진화(固體進化)》를 하는 《양전자(陽電子)》와 《중간자(中間子)》와 《전자(電子)》 중 《양전자(陽電子)》, 《중간자(中間子)》가 결합하여 《양자(陽子)》층을 이루고 《전자(電子)》층과 함께 《진명궁(眞明宮)》《커블랙홀(Kerr black hole)》 외곽층에 자리하는 것이다.

이러한 《진명궁(眞明宮)》《커블랙홀》도 《태양수(太陽數) ⊕9 핵(核)》의 과정과 《화이트홀》의 과정과 《퀘이샤》의 과정과 《황금알대일(黃金卵大一)》의 과정을 각각 10억 년(億年) 겪고 《진명궁(眞明宮)》 거대 《공(空)》을 이루면서 50억 년(億年)만에 《황금태양(黃金太陽)》으로 태어나며 이때가 법공(法空) 진화기 이후 70억 년(億年)이 되는 때이다.

이와 같이 법공(法空) 진화기(進化期) 이후 70억 년(億年)만에 《황금태양(黃金太陽)》으로 태어난 《진명궁(

眞明宮)》은 《황금태양(黃金太陽)》으로 태어나자마자 《핵(核)》의 붕괴를 일으켜 10억 년(億年) 동안 수많은 《여섯 가지 진공(眞空)》을 《진명궁(眞明宮)》《황금태양(黃金太陽)》 바깥에 있는 《암흑물질》층으로 분출하여 《암흑물질》과 결합하여 《복합원소》와 수많은 물질(物質)을 탄생시키는 것이다.

 이러한 때 《정명궁(正明宮)》《황금태양(黃金太陽)》 핵(核)의 붕괴(崩壞)로써 만들어지던 《음(陰)의 36궁(宮)》 경계가 비로소 《진명궁(眞明宮)》《황금태양(黃金太陽)》의 핵(核)이 붕괴되어 분출됨으로써 완성이 되어 《음(陰)의 36궁(宮)》 경계 안에서 수많은 《영(靈)》들과 《물질(物質)》들이 탄생을 하는 것이다.

 이러한 이후 《진명궁(眞明宮)》《황금태양(黃金太陽)》도 핵(核)의 붕괴로 10억 년(億年) 동안 《여섯 가지 진공(眞空)》을 분출한 후 30억 년(億年)의 《축소기》에 들어가 20억 년(億年)이 지난 때에

《개천(開天)》이 되어 《상천궁(上天宮)》이 10억 년(億年) 동안 탄생이 된 후 《진명궁(眞明宮)》이 《황금알대일(黃金卵大一)》을 이루고 대폭발을 일으킴으로써 현재의 《북극성(北極星)》과 《북두칠성(北斗七星)》을 탄생(誕生)시킴으로써 《천(天)·인(人)·지(地)》 우주(宇宙) 중 《지(地)의 우주(宇宙)》 뿌리를 탄생시키는 것이다.

이와 같이 《현존우주(現存宇宙)》의 뿌리인 <u>《상천궁(上天宮)》이 태어나기까지 100억 년(億年)에 걸쳐 《다섯 기초 원소》와 《복합원소》 탄생으로 《영(靈)》들과 《물질(物質)》을 탄생시키는 기간이 필요했음을</u> 오늘을 살고 있는 인간 무리들은 알아야 하며,

《현대과학》에서 말하고 있는 《빅뱅(Big Bang)》이후 모든 《물질(物質)》이 탄생되었다는 주장은 허무맹랑한 주장임을 《석가모니 하나님 부처님》께서는 《천부경(天符經)》에서 가르치고 계시는 것이다.

지금까지 설명드린 바와 같이 《현존우주(現存宇宙)》

》의 뿌리인 《상천궁(上天宮)》이 태어나기 이전인 《개천이전(開天以前)》에 《정명궁(正明宮)》이 100억 년(億年) 진화(進化)의 기간을 거쳤고,

《진명궁(眞明宮)》 역시 《개천이전(開天以前)》 80억 년(億年)과 《개천이후(開天以後)》 10억 년(億年)의 합(合) 90억 년(億年)의 진화(進化)의 기간을 거치게 된다.

이러한 《정명궁(正明宮)》과 《진명궁(眞明宮)》 진화(進化) 기간의 합(合)이 190억 년(億年)이다.

이와 같은 《190억 년(億年)》에서 《억 년(億年)》의 단위를 떼면 《19수리(數理)》가 남는데, 남은 《19의 수리(數理)》를 《십거일적(十鉅一積)》 수(數)라고 하며,

고대 《그리스》에서는 이를 두고 《알파(α)와 오메가(Ω)》라 하여 《진리(眞理)》의 하나의 용어(用語)로 사용한 것이다.

⑶ [진명궁(眞明宮) 진화(進化)의 숨은 사건 정리]

다음은 《진명궁(眞明宮)》 진화(進化)의 과정에서 일어난 특별한 사건 하나를 말씀 드리면, 《진명궁(眞明宮)》 진화(進化)의 초기인 《커블랙홀》이 작용(作用)을 시작할 때 《석가모니 하나님 불(佛)》의 분신(分身)(橫)인 《비로자나》를 궁주(宮主)로 자리하게 하였다고 말씀 드렸다.

이러한 《비로자나(毘盧遮那)》의 부인이 《원조(元祖) 가이아 신(神)》으로서

이와 같은 《비로자나》와 《원조(元祖) 가이아 신(神)》이 《진명궁(眞明宮)》 궁주(宮主)로 자리하자마자 향후 만들어지게 될 전체 우주(宇宙)를 《석가모니 하나님 부처님》과 《미륵(彌勒)》을 제거하여 그들이 정복할 야망(野望)을 가지고 이를 구체화하는 과정에

그가 《진명궁(眞明宮)》 궁주(宮主)의 자리에서 쫓겨날

[1] ― 始無始 ―　57

때까지 《진명궁(眞明宮)》에서 생산되는 《영(靈)》들에게 《석가모니 하나님 부처님》께 반역하는 《마성(魔性)》을 뿌리 깊게 심고 있었다.

 하지만, 도중에 이러한 사실이 《석가모니 하나님 부처님》께 발각이 되어 《진명궁(眞明宮)》이 《황금태양(黃金太陽)》을 이루고 핵(核)의 붕괴를 일으킬 때 《비로자나》와 《원조 가이아 신(神)》은 《진명궁(眞明宮)》으로부터 쫓겨나 이들은 두 번 다시 《법신(法身)》을 가지고 진화(進化)를 하지 못하고 다만 인간 육신(肉身)을 가진 진화(進化)만 허용되는 형벌을 《석가모니 하나님 부처님》으로부터 받게 된다.

 이와 같이 《진명궁(眞明宮)》 바깥으로 쫓겨나 《음(陰)의 36궁(宮)》 경계 내에 머무르던 《비로자나》는 반성은커녕 더욱더 극성스럽게 《음(陰)의 36궁(宮)》 《진명궁(眞明宮)》 분출분이 있는 곳에서 새로이 만들어지는 《영(靈)》들에게 《마성(魔性)》을 깊게 심다가 개천(開天)이 되어 《상천궁(上天宮)》이 태어났을 때 《상천궁(上天宮)》에서 《정명궁(正明宮)》과 《진명궁(眞明宮)》 때에 만들어진 《영(靈)》들이 대부분 인간 육신(肉身)을 가진 《신(神)》들로 태어난다.

 이때 《비로자나》역시 인간 육신(肉身)을 가진 《신(神)》으로 태어나 온갖 못된 짓을 서슴없이 한 대표적인 "예"가 당시 《미륵(彌勒)》의 약혼자인 《대관세음보살》을 겁탈하여 《아미타》를 낳게 한 것과

그의 부인 사이에서는 우주적인 그의 장자(長子)를 낳아 《비로자나(毘盧遮那)》 자신이 품은 야망(野望) 성취를 위해 그의 아들 이름을 《석가모니 하나님 부처님》의 이름을 도둑질하여 《석가모니》라고 이름 지은 것이다.

 이 때문에 후대 《석가모니 하나님 부처님(Vairochana)》과 《비로자나(Virochana)》의 아들과의 구분을 위해 인간 육신(肉身)을 가진 《신(神)》들은 이 자(者)를

《화신(化神)의 석가모니》로 부르게 된 것이다.

 이러한 이후 생(生)을 바꾸어 《미륵보살》은 《대관세음보살》과 결혼하여 세세생생 《아미타》의 부모가 되는 것이다.

 이러한 《상천궁(上天宮)》에서 이 사건 외에도 《비로자나》는 온갖 못된 짓을 하며 윤회(輪廻)를 하면서 그가 《마성(魔性)》을 심어 놓은 《영(靈)》들이 인간 육신(肉身)을 가진 《신(神)》들로 태어난 이후에도 그들을 관리하다가

상천궁(上天宮) 다음으로 만들어지는 《양(陽)》의 하늘(天)인 지금의 《작은곰자리》 별(星)자리인 《천일궁(天一宮)》이 만들어지고 현재의 북극성(北極星)과 북두칠성(北斗七星) 등 《지(地)》의 우주 뿌리가 만들어졌을 때

《지(地)》의 우주 《대마왕신(大魔王神)》들과 《대마왕(

大魔王)》들이 모두 《비로자나》를 최고(最古)의 《대마왕신(大魔王神)》으로 떠받들게 되었으며

이로써 《지(地)》의 우주에서 《마왕불(魔王佛)》을 이룬 《대마왕불(大魔王佛)》들이 모두 《비로자나》의 수하에 있게 된 것이다.

이러한 최고의 《대마왕신(大魔王神)》인 《비로자나(毘盧遮那)》와 그를 따르는 《대마왕불(大魔王佛)》들로부터 오래 전에 천상(天上)과 지상(地上)에 나온 사상(思想)이 오늘날 지상(地上)에 만연하고 있는 《좌익사상(左翼思想)》인 《공산사상(共産思想)》과 《무위자연사상(無爲自然思想)》으로 모두 이들로부터 비롯된 것이다.

이러한 《비로자나(毘盧遮那)》가 지금으로부터 100억 년(億年) 전(前) 천일궁(天一宮)에서 《석가모니 하나님 부처님》께서 계시지 않는 틈을 이용하여

그의 수하에 있는 《대마왕신(大魔王神)》들과 《대마왕

불(大魔王佛)》을 동원하여 때에 《미륵보살》을 아버지로 하였던 《아미타불(阿彌陀佛)》을 시해하고

《아미타불(阿彌陀佛)》이 만들어 놓은 《백조자리 성단》을 《비로자나》와 그의 아들 《화신(化神)의 석가모니》가 탈취를 하는 우주적(宇宙的) 《쿠데타》를 일으켜

당시까지 만들어졌던 《천일우주(天一宇宙)》 100의 궁(宮) 《9개 성단》[2]을 모두 정복(征服)하여 《진명궁(眞明宮)》 초기부터 품어온 《비로자나(毘盧遮那)》의 야망(野望)을 실현하는 듯 하였으나 그러나 궁극적으로 그의 계획은 실패를 하게 된다.

천일궁(天一宮)에서 《비로자나》와 그의 수하에 있는 《대마왕신(大魔王神)》들과 《대마왕불(大魔王佛)》들

---

2) 미륵불(2016), (최종개정판) 우주간의 법 해설 정본(正本) 반야바라밀다심경, ㈜아나, 111쪽.
미륵불(2015), (개정판) 우주간의 법 해설 삼일신고(三一神誥), ㈜아나, 410쪽.
미륵불(2015), 미륵불과 메시아, ㈜아나, 17쪽 등.
http://brahmanedu.org/hanguk/materials/images/21_1.jpg

이 우주적《쿠데타》를 일으켰을 때《석가모니 하나님 부처님》께서는《오리온좌》성단(星團)을 만드시기 위해《우주 여행》을 하고 계셨을 때이다.

 이러한 때에《비로자나》에 의한《우주적 쿠데타》가 일어난 사실을 추후 알게 되신《석가모니 하나님 부처님》께서는《오리온좌 성단》을 만드시고 이 성단(星團)의 이름을《천일일(天一一) 우주》로 이름하고

《상천궁(上天宮)》과《천일궁(天一宮)》과《천일우주(天一宇宙) 100의 궁(宮)》에서 진화(進化)를 위해 아래 우주(宇宙)로 이동하는 무리들을 모두《천일일(天一一) 우주》를 거치게 함으로써 이하(以下)에서 만들어지는《천(天)》·《인(人)》·《지(地)》우주 모두를 다시 장악하셨으나

《지(地)》의 우주는 진화(進化)하는 무리들이 모두 《비로자나(毘盧遮那)》로부터 뿌리 깊게《마성(魔性)》이 심어진 무리들이었기 때문에 진화적으로 상당히

힘든 시간을 보내신 것이다.

이 때문에 《천부경(天符經)》이 《우주간(宇宙間)》과 《세간(世間)》에 등장하여 《천일일(天一一)》, 《지일이(地一二)》, 《인일삼(人一三)》 우주로부터의 진화(進化)를 《천부경(天符經)》에서 기록하게 된 배경이다.

지금까지 설명된 내용이 이유가 되어 《지구상(地球上)》에서 BC 8000년 ~ 서기 2000년까지 1만년 기간의 《인류 북반구 문명》이 《석가모니 하나님 부처님》 주도로 일어났을 때도

《비로자나》와 그의 수하에 있는 《대마왕신(大魔王神)》들과 《대마왕불(大魔王佛)》들이 인간(人間) 육신(肉身)을 가지고 태어나 《인간(人間)》 무리들의 진화(進化)를 가로막고 《인간(人間)》 무리들을 궁극적으로 극심한 공포와 고통이 따르는 《암흑물질》층으로 내몰아 《지옥고(地獄苦)》를 겪게 하는 것이다.

북반구 문명 동안 그들이 온갖 악행(惡行)을 거듭한 실례[3]를 몇 가지 기술하면,

『석가모니 하나님 부처님』께서 한때 《테라(Terah)》(생몰 2046BC~1881BC)로 이름하시고 《메시아(Messiah)》이신 《미륵보살》과 함께 8년에 걸쳐 BC 2018년에 《유대교》성경인 《타나크(Tanakh)》를 완성하여

《아브람(Abram)》(생몰 BC2016~BC1841)으로 이름한 《아미타불(阿彌陀佛)》이 《히브리 왕국》의 초대 왕이 되었을 때 《아브람》에게 《유대교》와 《유대교 성경》인 《타나크(Tanakh)》를 물려주었으나

《아브람(Abram)》은 훗날 《야훼 신(神)》탈을 쓴 《악마(惡魔)의 신(神)》인 《비로자나》가 펼친 《공중성(空中聲)》대사기극에 걸려들어

《아브라함(Abraham)》으로 이름을 바꾸고 《하란(Harr

---

3) 미륵불(2016), (최종개정판) 우주간의 법 해설 정본(正本) 반야바라밀다심경, ㈜ 아나.
미륵불(2015), 진실된 세계의 역사와 종교 上, ㈜ 아나.
미륵불(2015), 진실된 세계의 역사와 종교 下, ㈜ 아나 등.

an)》에 자리하였던《히브리 왕국》을 BC 1876년에 《예루살렘》으로 이동한 후 곧바로 3년간《이집트》를 방문하게 된다.

이때를 틈타《악마(惡魔)의 신(神)》으로 변한《대마왕신(大魔王神)》《비로자나》는 많은《대마왕신(大魔王神)》들을 동원하여《유대교》성경인《타나크(Tanakh)》를 왜곡하여

《타나크》를《악마(惡魔)의 신(神)》인《야훼 신(神)》을《하나님》으로 받드는 성경으로 둔갑시켜《유대교》를 파괴함으로써

《메시아》이신《미륵보살》의 후손들인《유대인》들과《이스라엘인》들을 파멸의 구렁텅이로 몰아 넣은 것이다.

이러한 이후《비로자나(毘盧遮那)》는 고대 인도에서《정반왕》으로 이름하고《가이아 신(神)》인《마야

부인》 사이에서 《화신(化神)의 석가모니》를 탄생시켜 《싯다르타 태자》로 이름하고

이와 같은 《싯다르타》 태자는 BC 6세기에 《인간완성》의 부처인 《아라한》을 이루고 《고타마 붓다》가 된 후 때마침 인간 육신(肉身)을 가지고 몰려 든 《대마왕신(大魔王神)》들과 《대마왕불(大魔王佛)》들과 함께

《불법(佛法)》이 없는 그들이 《석가모니 하나님 부처님》의 불법(佛法)을 끌어 모아 왜곡(歪曲)하여 《고타마》(생몰 577BC~497BC)가 《석가모니불(釋迦牟尼佛)》인양 행세하며

우주적인 종교인 《석가모니 하나님 부처님》 종교와 《불법(佛法)》을 찬탈하여 그들 것으로 만들어 《석가모니 하나님 부처님》의 《불교(佛敎)》를 《마왕불교(魔王佛敎)》로 전락시킴으로써 《천일궁(天一宮)》 이후 《제2의 우주 쿠데타》를 지상(地上)에서 감행한 것이다.

이로써 《마왕불교(魔王佛敎)》가 《마왕(魔王) 승려》들에 의해 오늘날까지 전하여지고 있는 것이다.

이러한 우주적인 《제2의 우주 쿠데타》를 위해 일찍부터 《상천궁(上天宮)》에서 최고의 《대마왕신(大魔王神)》《비로자나》는 그의 아들 이름을 《석가모니 하나님 부처님》의 명호(名號)를 도적질하여 《석가모니》라고 한 것이다.

이와 같은 일이 있고 난 후 《대마왕불(大魔王佛)》들인 《천왕불(佛)》과 《쌍둥이 천왕불(佛)》에 의해 《알라 신(神)》을 믿는 《회교(回敎)》가 탄생한 것이며 이후 《비로자나(Virochana)》에 의해 《악마(惡魔)의 신(神)》인 《야훼 신(神)》을 받드는 《천주교(天主敎)》가 탄생한 것이다.

이때를 때맞추어 《마왕보살》인 《문수보살(文殊菩薩)》이 《베드로》로 이름하고 《로마》에 《교황청》을 만드는 것이다.

 한편, AD316년《예수님》(생몰 AD274~AD310)의 죽음 이후《콘스탄틴 대제(大帝)》로 이름한《악마(惡魔)의 신(神)》인《천관파군》이《기독교》를 만들어《예수님》을《예수님(Jesus)》과는 전연 관계없는《예수 그리스도(Jesus Christ)》로 이름하고《기독교》전체를《악마(惡魔)의 신(神)》들이 다스리는 종교로 둔갑시킨 것이다.

 이와 같이 현재《인도》에서 신앙하고 있는《힌두교》마저《힌두 신(神)》으로《대마왕불(大魔王佛)》인《노사나불(盧舍那佛)》이 자리하며 때로는《쌍둥이 천왕불》이《힌두 신(神)》으로 자리하기도 한다.

 그러나 다행인 것이 이들의 성전(聖典)이《리그베다(Rigveda)》와《우파니샤드(Upanishads)》와 각종《베다(Vedas)》가 자리한 것이 천만다행인 것이다.

그리고 다음으로 사상적(思想的)으로 간략히 살펴보면, 《무위자연(無爲自然)》을 설파한 《노자(老子)》가 《대마왕불(大魔王佛)》인 《노사나불(盧舍那佛)》이며,

《성리학(性理學)》을 주창한 《주희(朱熹)》가 《비로자나》이며,

때에 《소련》의 《레닌(Lenin)》으로 온 자가 《비로자나(毘盧遮那)》이며, 《스탈린》으로 온 자가 《대마왕불(大魔王佛)》인 《아미타불》이며, 《김일성》으로 온 자(者)가 《대마왕불(大魔王佛)》인 《노사나불》이다.

이들이 지상(地上)에 전파한 《공산사상(共産思想)》인 《좌익사상(左翼思想)》이 《120억 년(億年)》 《선천우주(先天宇宙)》를 마감하는 때를 맞춰

《평등사상(平等思想)》을 기초로 한 《도덕성(道德性)》과 《정의(正義)》를 바탕으로 하여 《자유(自由)》스럽게 진화(進化)하는 《인간 무리》들을 《독재(獨裁)》를 함으로써 《통제(統制)》 속에 가두고 《통제(統制)》에 길들이기를 하는 것이다.

이리하여《대마왕신(大魔王神)》들과《대마왕불(大魔王佛)》들은 그들의 추종 세력들과 함께《인간 무리》들 위에 군림하면서《후천우주(後天宇宙)》에 들어서서

《중앙천궁상궁(中央天宮上宮)》의 중심이 되는 우리들 지구(地球)와 지구(地球)의 중심이 되는《남한(南韓)》땅에 있는《대한민국(大韓民國)》을 그들이 점령(占領)하는 것이

100억 년전(億年前)《천일궁(天一宮)》에서와 마찬가지로 향후《중앙천궁상궁(中央天宮上宮)》이 만드는《성단(星團)》들을 점령하여 그들이 군림(君臨)함으로써 그들의 뜻대로《악(惡)》을 근본 바탕으로 하는 우주(宇宙)를 만들어

다시 120억 년(億年)간 펼쳐지는《중계(中界)》의 우주(宇宙)를 그들이 지배할 수 있도록 계략을 꾸민 것이다.

이와 같은 뜻을 현재의 여러분들은 쉽게 이해가 되지 않을 것이다.

그러나 《대마왕신(大魔王神)》들과 《대마왕불(大魔王佛)》들과 이들의 추종 세력 모두들이 때에 《천상(天上)》에서 비롯된 《공산사상(共産思想)》인 《좌익사상(左翼思想)》을 지구촌 전체에 확산(擴散)시키고자 하는 이유를 살펴보면,

《선천우주(先天宇宙)》를 마감하고 《후천우주(後天宇宙)》 운행(運行)에 들어갈 때 지상(地上)의 문명(文明)은 종말(終末)을 고하고 지상(地上)에 살던 《인간 무리》 대부분은 육신(肉身)의 죽음을 맞이한 후

《지옥(地獄)》으로 직행하는 무리들을 제외한 《인간 무리》들은 그들의 《영(靈)》과 《영신(靈身)》인 《성(性)의 30궁(宮)》이 그들 《속성(屬性)》을 대동하여 셋(三)이 하나(一)가 되어 일시적으로 그들의 법신(法身)인 저 공간(空間)에 떠 있는 별(星)들로 들어가서 《천인(天人)》 대열에 들어간다.

이후 《지상(地上)》의 종말(終末)로 불리는 환란(患亂)이 끝이 나면 《천인(天人)》 대열에 들어갔던 이들 무리들은 《지상(地上)》의 새로운 환경(環境)이 조성되면 다시 차례로 인간 육신(肉身)을 가지고 태어나서 《윤회(輪廻)》하며 새로운 진화(進化)를 하여

이들 《영(靈)》과 《영신(靈身)》과 《속성(屬性)》이 《밝음》과 《맑음》을 갖추면 이들은 다시 그들의 《육신(肉身)》을 버리고 재차 그들의 《법신(法身)》으로 되돌아가 《천인(天人)》의 대열에 들어가는 이것이 그들의 《열반성(涅槃城)》에 들어가는 것이 되는 것이다.

이러한 때 《천인(天人)》 대열에 들어간 《통제(統制)》에 길들여진 《인간(人間) 무리》들을 《대마왕신(大魔王神)》과 《대마왕(大魔王)》들과 추종 세력들이 함께 다시 이들 무리들을 《통제(統制)》하여 별(星)들의 전쟁을 일으켰을 때 대부분의 《천인(天人)》들은 《착함》을 근본 바탕으로 하기 때문에 전쟁(戰爭)에는 나약한 모습을 보이는 것이다.

이러한 약점(弱點)을 잘 알고 있는 《비로자나》와 수하에 있는 《대마왕신(大魔王神)》들과 《대마왕(大魔王)》들과 추종 세력들은 《통제(統制)》에 길들여진 《인간 무리》들을 동원하여 《우주전쟁(宇宙戰爭)》에 투입하여 《우주적 전쟁》에 승리함으로써 우주(宇宙) 전체를 정복(征服)하고자 하는 야망(野望)을 가지고 벌이는 무서운 계략(計略)이 숨어 있는 것이다.

이러한 최고의 《대마왕신(大魔王神)》《비로자나》의 계략을 잘 알고 계시던 《석가모니 하나님 부처님》께서는 지상(地上)의 서기(西紀) 2000년이 《선천우주(先天宇宙)》가 마감이 되는 때이나

용단(勇斷)을 내리시어 《후천우주(後天宇宙)》가 시작이 되는 《중앙천궁상궁(中央天宮上宮)》 운행(運行)을 서기(西紀) 2040년으로 미루시고

서기(西紀) 2000년부터 2017년까지 《선천우주(先天宇宙)》 인간 무리들의 진화(進化)를 방해(妨害)하고 온갖 행패를 다 부린 《비로자나》를 비롯한 그의 수하로

자리한 《대마왕신(大魔王神)》들과 《대마왕불(大魔王佛)》들과 이들의 추종 세력 모두들을 《미륵불(彌勒佛)》과 함께 하나씩 하나씩 차례대로 모두 파(破)하여 《우주간(宇宙間)》에서 모두 사라지게 하는 형벌(刑罰)을 내렸으나,

일부 인간 육신(肉身)을 가진 《대마왕신(大魔王神)》들과 《대마왕(大魔王)》들은 그들 육신(肉身) 속에 있는 내면(內面)인 《영(靈)》과 《영신(靈身)》과 마왕(魔王) 《불성(佛性)》들 모두 파(破)하여 《우주간(宇宙間)》에서는 모두 사라지게 하고

그들 육신(肉身)은 죽음을 맞이할 때까지 그대로 살려 두고 있으나 이들은 힘(力)을 잃은 허수아비와 같은 존재들로 살아 있으며 육신(肉身)의 죽음 이후는 그들 육신(肉身)도 모두 흔적도 없이 사라지도록 조치를 하여 두신 것이다.

 보통 인간 무리들이 육신(肉身)의 죽음을 맞이하면 그들의 내면(內面)인 《영(靈)》과 《영신(靈身)》과 《

속성(屬性)》은 그들의 죄값이 다하면《지옥(地獄)·아귀(餓鬼)·축생(畜生)·아수라(阿修羅)·인간(人間)·천인(天人)》등《육도윤회(六道輪廻)》를 할 수 있으나,

인간 육신(肉身)을 가진 신(神)적인 존재들인《대마왕신(大魔王神)》들과《대마왕(大魔王)》들은 죽임을 당하면 흔적도 없이《우주간(宇宙間)》에서는 영원히 사라지게 되어 있는 것이 특징이다.

 이로써《후천우주(後天宇宙)》인간 무리들은 정상적인 윤회(輪廻)와 진화(進化)를 할 수 있는 터전을 마련한 것이며,

이와 같이 최고의《대마왕신(大魔王神)》《비로자나》와 그의 수하에 있는《대마왕신(大魔王神)》들과《대마왕불(大魔王佛)》들과 이들의 추종 세력 모두들이 획책하였던《우주정복(宇宙征服)》은 물거품이 되어 사라져간 것이다.

이 때문에 《석가모니 하나님 부처님》께서는 이들이 두 번 다시 대공(大空) 내(內)에 영원히 발붙이지 못하도록 우주(宇宙) 운행(運行)의 진리(眞理)마저 일부 변경을 하신 것이다.

 이와 같이 앞에서 말씀 드린 대로 현재 지구상(地球上)에 있는 각종 종교(宗敎)는 최고의 《대마왕신(大魔王神)》인 《비로자나(毘盧遮那)》를 비롯한 수하 《대마왕신(大魔王神)》들과 《대마왕불(大魔王佛)》들이 인간(人間) 무리들의 진화(進化)를 방해(妨害)하여 그들 통제하(統制下)에 두어 길들이기를 한 후

때가 되면 그들 이용물로 인간 무리들을 이용하여 궁극적으로는 인간 무리들 모두를 극심한 《공포(恐怖)》와 《고통(苦痛)》이 따르는 《지옥(地獄)》으로 처박게 되는 것이다.

 이와 같이 인간 무리들을 그들이 목적한 바 《우주(宇宙)》 정복(征服)을 위해 이용하여 그들 야망(野

望) 충족을 위해 《믿음》과 《복종(服從)》이라는 카드를 들고 만들은 것이 그들이 종교(宗敎)를 만든 목적임이 밝혀짐으로써

《미륵불(彌勒佛)》은 그들을 따르는 종교(宗敎)로부터 벗어나야 《육신(肉身)》 죽음 이후 《지옥고(地獄苦)》로부터 해방(解放)이 된다고 오늘날까지 목청을 높여 외치고 있는 것이다.

이러한 제반사항이 《진명궁(眞明宮)》 진화(進化)의 초기로부터 시작되어 근 180억 년(億年)을 최고의 《대마왕신(大魔王神)》인 《비로자나(毘盧遮那)》에 의해 획책된 일이며,

때마침 《개천이전(開天以前)》의 《진명궁(眞明宮)》 진화(進化)를 다루면서 최고의 《대마왕신(大魔王神)》 《비로자나》와 수하의 《대마왕신(大魔王神)》들과 《대마왕불(大魔王佛)》들이 그들의 추종 세력들과 함께 《선천우주(先天宇宙)》 120억 년(億年) 동안 인간 무리들에게 너무나 큰 영향력을 행사하였기 때문에 진실(眞實)

을 밝히는 차원에서 대략적이나마 그들의 행적(行蹟)을 정리하는 것이다.

 그리고 분명히 《미륵불(彌勒佛)》이 단언하는 바는 최고의 《대마왕신(大魔王神)》《비로자나》와 그의 수하에 있는 《대마왕신(大魔王神)》들과 《대마왕불(大魔王佛)》들과 이들의 추종 세력(勢力)들이 《종교(宗敎)》를 만들고 《사상(思想)》을 만든 이유를 간략히 다시 정리하면 《믿음》과 《복종(服從)》과 《통제(統制)》인 것이며,

 《석가모니 하나님 부처님》께서 종교(宗敎)를 만드신 목적(目的)은 인간 무리들 《진화(進化)》를 위한 방편(方便)이라는 사실(事實)을 깊이 사고(思考)해 보시기 바란다.

[2]
```
析三極    無盡本
석삼극    무진본
         (6)
```

※ 전체 글자수《6》의 수리(數理)는 『상천궁(上天宮) 《여섯 뿌리》의 우주(宇宙)』를 뜻하는 수리(數理)로써 현존우주(現存宇宙)의 근본 뿌리가 되는 우주(宇宙)이다.

『직역(直譯)』

『(하나가) 셋으로 나뉘어진 끝에

씨앗이 다하여 없어져

상천궁(上天宮)《여섯 뿌리》우주가 탄생이 되어』

『의역(意譯)』

※ 《析三極(석삼극)》은 《중성자알대일(中性子卵大一)》의 대폭발로 1-3의 길과 3-1의 길과 1-4의 길 등 세 가지 길로 나뉘어진 길을 이야기하는 것이며,

《無盡本(무진본)》은 '《개천이전(開天以前)》《정명궁(正明宮)》에 의해 만들어졌던 물질(物質)의 씨앗들이 다하여 없어져 상천궁(上天宮)《여섯 뿌리》우주(宇宙)를 이루어'가 되며,

이를 정리하면

『《중성자알대일(中性子卵大一)》의
대폭발로
1-3의 길과 3-1의 길과 1-4의 길 등
세 갈래 길로 나뉘어진 끝에
《개천이전(開天以前)》《정명궁(正明宮)》에
의해 만들어졌던

물질(物質)의 씨앗들이 다하여 없어져
상천궁(上天宮) 《여섯 뿌리》 우주(宇宙)가
탄생이 되어』

『해설(解說)』

1) 우주(宇宙)의 큰 두 갈래 길

(1) [1-3-1의 길]

※ 《천(天)》과 《인(人)》의 우주(宇宙) 진화(進化)의 길

 우주 공간(空間)의 모든 별들은 자전과 공전을 하는 회전(回轉)을 한다.

이러한 회전은 우주를 크게 세 구분한 천(天)·인(人)·지(地)의 우주에 있어서 천(天)과 인(人)의 우주는 《시계 방향》의 회전을 한다.

　　이와 같은 《시계 방향》의 회전을 '1-3-1의 길'이라고 한다.

　　이러한 《1-3-1의 길》도 《1-3의 길》과 《3-1의 길》과 《1-4의 길》세 갈래로 나누어진다.

　　다음 사진은 현대 과학계가 우주간(宇宙間)에 있는 시계 방향의 회전을 하는 하나의 거대한 은하성단을 촬영한 사진이며 오른쪽 도형은 그 작용도(作用圖)를 간단히 나타낸 도형이다. 이러한 사진과 도형을 참고하여 다음 설명을 드리겠다.

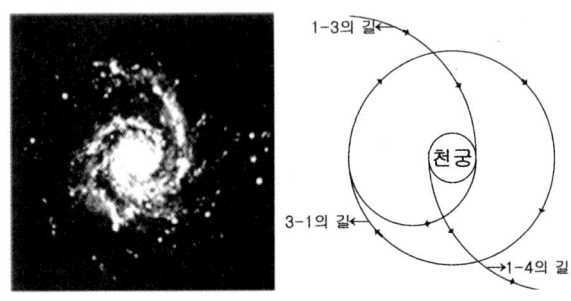

① [1-3의 길]

《1-3의 길》은 일불승(一佛乘)의 자리인 천궁(天宮)을 중심으로 하여 소용돌이쳐 들어오는 길을 말하며, 이러한 1-3의 길을《암소(坤牛)의 길》또는《보살승(菩薩乘)의 길》이라고 한다.

개천(開天)으로 인한 상천궁(上天宮)이 처음 탄생하

였을 때 이와 같은 《1-3의 길》로부터 시작이 된 것이다.

② [3-1의 길]

　《3-1의 길》은 《1-3의 길》을 통하여 천궁(天宮)을 향하여 몰려 들어간 후 천궁(天宮)으로부터 일정한 거리까지 밀려가서 천궁(天宮)을 중심으로 외곽에 둥근 원(圓)을 이루고 별(星)들이 자리한 길을 말한다.

　이러한 길을 《3-1의 길》 또는 《황소(黃牛)의 길》 또는 《성문승(聲聞乘)의 길》이라고 한다.

③ [1-4의 길]

《1-4의 길》은 둥근 원(圓)을 이룬 《3-1의 길》에서 진화(進化)가 덜 되어 새로운 진화(進化)의 길로 들어가는 것을 말하며,

이 길이 《지(地)》의 우주 천궁(天宮)으로 들어가는 길로써 이 길은 《3-1의 길》에서 항상 5억 년(億年) 바깥으로 밀려나며 상세한 설명은 《1-4-1의 길》에서 하게 된다.

(2) [1-4-1의 길]

※ 《지(地)》의 우주(宇宙) 진화(進化)의 길

우주를 크게 세 구분한 천(天)·인(人)·지(地)의 우주에 있어서 《지(地)》의 우주는 《시계 반대 방향》의 회전을 한다.

이러한 《시계 반대 방향》의 회전을 《1-4-1의 길》이라고 한다.

이러한 1-4-1의 길도 《1-4의 길》과 《4-1의 길》과 《1-3의 길》 등 세 갈래로 나누어진다.

다음 사진은 현대 과학이 우주간(宇宙間)에 있는 시계 반대 방향의 회전을 하는 하나의 거대한 은하 성단을 촬영한 사진이며 오른쪽 도형은 그 작용(作用)을 간단히 나타낸 도형이다. 이러한 사진과 도형을 참고하여 다음 설명을 드리겠다.

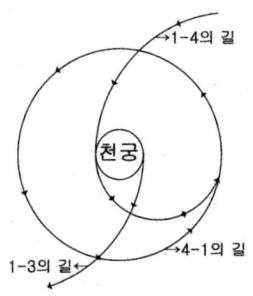

① [1-4의 길]

 《1-4의 길》은 지(地)의 우주 일불승(一佛乘)의 자리인 천궁(天宮)을 중심하여 소용돌이쳐 들어오는 길을 말하며,

이러한 1-4의 길을 《천마(天馬)의 길》 또는 《벽지불승(辟支佛乘)의 길》 또는 《연각승(緣覺乘)의 길》이라고 한다.

 현재의 《북극성(北極星)》으로부터 시작이 되는 《지(地)》의 우주(宇宙) 출발의 길이 된다.

② [4-1의 길]

 《4-1의 길》은 《1-4의 길》을 통하여 천궁(天宮)을

향하여 몰려 들어간 후《천궁》을 이룬 길과 이후 천궁(天宮)으로부터 일정한 거리까지 밀려난 후 천궁(天宮)을 중심으로 외곽에 둥근 원(圓)을 이루고 별(星)들이 자리한 길을 말한다.

이러한 길을 4-1의 길 또는《용마(龍馬)의 길》또는《4-1의 성문승(聲聞乘)의 길》이라고 한다.

③ [1-3의 길]

《1-3의 길》은 둥근 원(圓)을 이룬 4-1의 길에서 진화(進化)가 된 무리들이《인(人)》의 우주(宇宙)로 들어가는 길로써

이 길은 4-1의 길에서 항상 5억 년(億年) 바깥으로 밀려나《인(人)》의 우주(宇宙)로 합류하는 길을 말한다.

※ 《4-1의 길》로부터 다시 시작되는 《1-4의 길》에 연각승(緣覺乘)과 동행하는 《독각승(獨覺乘)》이 자리한다. 이러한 연각승(緣覺乘)과 동행하는 독각승(獨覺乘)을 어미말(馬)을 따르는 《망아지》로 비유를 하는 것이다.

이와 같은 《우주의 큰 두 갈래 길》이 각각 세 갈래 길을 이루어 작용(作用)을 하며 성단(星團)과 별(星)들의 이동의 길이 되며 이는 곧 《빛이 흐르는 길》이 되는 것이다.

천궁(天宮)을 중심한 성단(星團)은 우주 창조 작업이 활발히 진행될 때는 천궁(天宮)으로부터 상극(相剋)의 길을 하나 더 갖게 됨으로써 꼭 《세 갈래》의 길을 갖게 되며 대통합기(大統合期) 이후는 세분화된 두 갈래 길만 갖게 되는 것이다.

《세 갈래 길》을 갖게 되는 성단(星團)의 천궁(天宮)

에 있어서 천(天)과 인(人)의 우주 천궁(天宮)을 《정명궁(正明宮)》[4]이라고 하며 지(地)의 우주 천궁(天宮)을 《진명궁(眞命宮)》이라고 한다.

2) [상천궁(上天宮)]

 100억 년(億年)에 걸쳐 만들어진 개천이전(開天以前) 정명궁(正明宮)이 《중성자알대일(中性子卵大一)》의 과정을 겪고 대폭발을 일으킴으로써 현존우주(現存宇宙)가 시작이 된다.

 이를 일러 현대 과학에서는 《빅뱅(Big Bang)》이라고 이름하며 우리들은 일반적으로 '개천(開天)'이라고 한다.

---

4) [正明宮(정명궁)과 正命宮(정명궁)]
 개천이전(開天以前)에는 正明宮(정명궁)이라 하고, 개천이후(開天以後)에 탄생한 경우 正命宮(정명궁)이라 한다.

이러한 대폭발에 의해 처음으로 태어나는 별(星)이 《중성자(中性子) 태양성(太陽星)》으로써 《석가모니 하나님 부처님》의 법궁(法宮)이 된다.

 《중성자(中性子) 태양성(太陽星)》이 태어난 후 이어서 5성(星)이 만들어져 대폭발에 의해 최초로 만들어진 별(星)들이 모두 《6성(星)》이 되는 것이다.

 이후 《석가모니 하나님 부처님》의 법궁(法宮)인 《중성자(中性子) 태양성(太陽星)》이 초기 우주의 고온고압에 의해 중성자(中性子) 태양성(太陽星) 핵(核)의 붕괴로 많은 《여섯 뿌리》 진공(眞空)이 《중성자 태양성(中性子太陽星)》으로부터 《암흑물질》층으로 분출한 후 《슈바르츠실트 블랙홀》인 진성궁(眞性宮)으로 변화되며,

분출된 《여섯 뿌리 진공(眞空)》은 5억 년(億年)에 걸쳐 거대한 《공(空)》을 이룬 후 작용(作用)을 시작하여 《커블랙홀》 → 《태양수(太陽數) ⊕9의 핵(核)》 →

《화이트홀》→《케이샤》→《황금알대일(黃金卵大一)》의 과정을 각각 1억 년의 진화의 기간을 겪은 후

《중성자 태양성》분출로부터 7억 년(億年)만에《황금알대일》의 폭발로 1억 년(億年)에 1성(星)씩 총 4성(星)이 잉태되어 상천궁(上天宮)은 10성(星)으로 1차 완성을 이루게 된다.

이렇게 탄생된 상천궁(上天宮) 10성(星)을 구체적으로 살펴보고 관련 천궁도(天宮圖)를 설명 드리겠다.

1. 1의 성(星) : 중성자(中性子) 태양성(太陽星)으로 잉태된 후 물질 분출을 마치고 진성성(眞性星)으로 변화된 석가모니 하나님 부처님의 법궁(法宮)
2. 1-1의 성(星) : 석가모니 하나님 부처님의 중성자 태양성(中性子太陽星)의 법

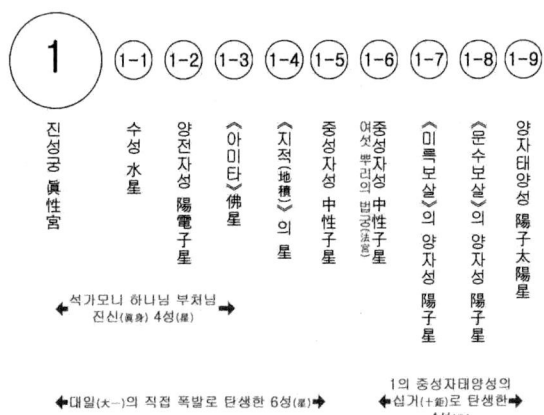

[그림] 상천궁(上天宮) 10성(星)

궁(法宮)과 1-2의 양전자성(陽電子星)을 법궁(法宮)으로 하신 원조 관세음보살님 사이에 태어난 물(水)의 별로써「이집트 신화(神話)」에서는 태양신(神)《라(Ra)》의 딸로서 《마아뜨》의 별(星)로 이름한다.

3. 1-2의 성(星) : 우주간의 어머니(母)이신 《원

           조관세음보살》님의 법궁(法宮)

4. 1-3의 성(星) : 1의 중성자(中性子) 태양성(太陽星)의 분신성(分身星)으로써 <u>아미타불(佛) 성(星)</u>이라고 한다.

5. 1-4의 성(星) :《노사나불(盧舍那佛)》의 전신(前身)인《지적(地積)》의 법궁(法宮)

6. 1-5의 성(星) : 중성자성(中性子星)으로 석가모니 하나님 부처님 분신(縱)의 법궁(法宮)

※ 이와 같은 1 ~ 1-5의 성(星)까지가 대일(大一)의 직접 폭발로 인하여 탄생된 6성(星)이 된다.

  이러한 6성(星) 중 1의 성(星) ~ 1-3의 성(星)까지를 '석가모니 하나님 부처님의 진신(眞身) 4성(星)'이라고 하며 1-4의 성(星)이《노사나불(盧舍那佛)》의 전신(前身)인《지적(地積)》의 법궁(法宮)이라고 하는 것이다.

이러한 《지적(地積)》의 법궁(法宮)은 《지적(地積) 보살》께서 진명궁(眞明宮)의 《황금알대일(黃金卵大一)》 5억 년(億年) 때 《황금알대일(黃金卵大一)》로 옮기신 이후는 석가모니 하나님 부처님께로 환원이 되는 것이다.

  7. 1-6의 성(星) : 중성자성(中性子星)으로써 석가모니 하나님 부처님의 본신(本身)의 법궁(法宮)으로 '<u>여섯 뿌리의 법궁(法宮)</u>'이라 하며, 현재 《목성(木星)》의 어머니별(母星)이 된다.

  8. 1-7의 성(星) : 양자성(陽子星)으로 《미륵보살》의 법신(法身)이 된다.

  9. 1-8의 성(星) : 양자성(陽子星)으로 《문수보살》의 법신(法身)이 된다.

  10. 1-9의 성(星) : 《석가모니 하나님 부처님》 양자태양성(陽子太陽星)으로써, 이때의 《석가모니 하나님 부처님》의 호(號)가 《대통지승

불(大通智勝佛)》이 되신다.

※ 이상의 4성(星)이 1의 석가모니 하나님 부처님 법궁(法宮)의 물질 분출로 만들어진 4성(星)이다.

 이러한 4성(星) 중 1-7의 성(星)과 1-8의 성(星)과 1-9의 성(星)이 양자성(陽子星)과 양자태양성(陽子太陽星)으로써 '석가모니 하나님 부처님의 육신성(肉身星) 3성(星)'이라고도 하는 것이다.

 이와 같은 육신성(肉身星) 중의 1-9의 성(星)에 석가모니 하나님 부처님께서 머무실 때의 호(號)가 『묘법화경(妙法華經)』「제이 화성유품(第二化城喩品)」에 등장하시는 《대통지승불(大通智勝佛)》이 되신다.

 이러한 상천궁(上天宮) 10성(星) 모두가 사실상 《석가모니 하나님 부처님》의 화(化)가 되는 것으로써

[2] 析三極 無盡本　　97

10성(星) 중 중성자(中性子) 대일(大一)의 폭발에 의해 만들어진 6성(星)을 《여섯 뿌리의 우주》라고 하며

이러한 6성(星)이 진화(進化)되어 모두 사라져 대공(大空)의 바탕과 경계를 이루었을 때를 《여섯 뿌리 진공(眞空)의 바탕》이라고 한다.

이러한 뜻을 나타내기 위해 이집트 신화도(神話圖)에서는 《하토르 여신(女神)》으로 형상화하여 놓은 것이다.

다음으로 1-6의 성(星)인 중성자(中性子) 태양성이 물질 분출 후 분출된 물질에 의해 새로운 중성자(中性子) 태양성(太陽星)을 만들어 항상 《여섯 뿌리 법궁(法宮)》으로써 자리한 후 물질 분출 후에는 커블랙홀인 《진성성(眞性星)》을 이루는 것이다.

이의 대표되는 사례가 우리들 태양계(太陽界)의 《

목성(木星)》이 되는 것이다.

　이렇듯 상천궁(上天宮) 첫 번째 진성성(眞性星)에《석가모니 하나님 부처님》께서 자리하셨을 때를 "**하나님은 위없는 첫 자리에 계시어 큰 덕과 큰 지혜와 큰 힘을 지니시니**"라고 말씀하시는 것이며,

《상천궁(上天宮)》을 탄생시키게 되는 것을 "**하늘을 생기게 하시고 수없는 세계의 주인이 되시어**"라고 《삼일신고(三一神誥)》에서 말씀하시는 것이다.

　그리고 상천궁(上天宮)의《석가모니 하나님 부처님》의 육신성(肉身星) 삼성(三星)이 양자성(陽子星)과 양자 태양성(陽子太陽星)으로써 우주간의 모든 개체의 양자(陽子)를 만들어 만물(萬物)의 씨종자가 되는 것을 "**수많은 물건을 창조하시며**"라고《삼일신고(三一神誥)》에서 말씀하시는 것이다.

이러한 양자 태양성(陽子太陽星)의 밝기는 지금 우리들 태양성(太陽星)보다는 훨씬 더 밝은 빛을 낸다. 이러한 장면을 "**가느다란 티끌도 빠뜨림 없이 밝고도 밝으며 신령하시어 감히 이름하여 헤아릴 수가 없다**"라고 《삼일신고(三一神誥)》에서 표현을 하고 있는 것이다.

상천궁(上天宮)의 첫째 자리에 있던 중성자 태양성(中性子太陽星)이 물질 분출 후 진성성(眞性星)으로 변화한 후 최근 대폭발을 일으킴으로써

개천이전(開天以前) 물질의 씨앗 생산과 물질 합성기 100억 년(億年)을 제외한 상천궁(上天宮)의 탄생으로부터 시작된 선천우주(先天宇宙)의 기간이 120억 년(億年)이 됨을 확인시켜 주는 기사가 신문에 게재된 적이 있어 이를 발췌하여 여러분들의 이해를 돕기 위해 소개드리는 바이다.

[120억 광년 우주서 대폭발]

(1998년 5월 8일자 동아일보에서)

[관측 이래 최대 규모 100억조 개 별(星) 분출
에너지양과 비슷]

『우주 관측 사상 가장 강력한 폭발이 지구로부터 1백 20억 광년 떨어진 곳에서 발생했다고 과학자들이 6일 밝혔다. GRB[감마선 폭발] 971214로 명명된 이번 폭발은 지난해 12월 14일 은하계 밖에서 발생해 지구와 태양에 미치는 영향은 없지만 그 폭발력이 우주(宇宙)의 모든 별들이 발산하는 에너지의 양과 같은 정도로 강력한 것으로 관측됐다.

이번 폭발을 관측한 미국 캘리포니아대 기술연구소팀의 [슈리불카니] 박사는 이날 워싱턴 미국 항공우주국(NASA)에서 가진 기자 회견에서 이번 폭발은 과학자들이 예측할 수 있는 정도보다 수 백 배나 강력한 거의 상상할 수 없는 수준의 에너지를 분출했다고 말했다. 그에 따르면 약 2.10초 동안 계속된 이번 폭발은 우주 전체의 1백억 조 개의 별들이 같은 시간 동안 분출하는 에너지 양과 맞먹을 정도로 강력했던 것으로 추산된다.

천문학자들은 허블 우주 망원경을 통해 폭발 후 화염에 타오르는 것을 관측한 뒤 이를 분석, 폭발이 <u>1백 20억 광년</u> 떨어진 곳에서 일어났음을 밝혀냈다.』

[워싱턴 Ap. upi 연합]

※ 이때의 1백억조개의 별(星)들이 상계(上界)의 우주(宇宙) 별(星)들의 수가 된다.[5]

---

5) 미륵불(2015), 대승보살도 기초교리, ㈜아나 등.

[3] | 天―― 地―二 人―三
천일일　지일이　인일삼
(9)

※ 글자 수(數) 9의 수리(數理)는《태양수(太陽數) 9》를 가진《태양성(太陽星)》을 뜻하는 수리(數理)이다.

『직역(直譯)』

『천일일(天――), 지일이(地―二), 인일삼(人―三)
　　우주(宇宙)를 만들고
　《태양수(太陽數) 9》를 가진
　《태양성(太陽星)》을 탄생시켜』

『의역(意譯)』

※ 《천일일(天一一) 우주》는 《오리온좌 성단(星團)》을 이름한다.

 앞장의 《진명궁(眞明宮)》 설명에서 상세히 말씀 드린 대로 지금으로부터 100억 년(億年) 전(前) 천일궁(天一宮)에서 최고의 대마왕신(大魔王神) 《비로자나》와 그가 거느리는 수하 대마왕신(大魔王神)들과 대마왕불(大魔王佛)들이 추종 세력들과 함께 《우주적(宇宙的)》 《쿠데타》를 일으켜 《천일궁(天一宮)》과 《천일우주(天一宇宙)》 100의 궁(宮)을 점령한 탓에

《석가모니 하나님 부처님》께서 《천일일(天一一)》 우주를 만드시고 다시 《천(天)》·《인(人)》·《지(地)》 우주를 장악하시고 《천일일(天一一)》 우주 위주로 《천부경(天符經)》을 만드시고 우주(宇宙)의 역사(歷史)를 기술하셨기 때문에 《천일일(天一一)》 우주 앞에 《천일궁(天一宮)》과 《천일우주(天一宇宙)》 100의 궁(宮)이

생략된 것이다.

 이렇듯 《천부경(天符經)》에서 《천일궁(天一宮)》과 《천일우주(天一宇宙)》를 생략한 이유가 《천일궁(天一宮)》에서 일어난 《우주(宇宙) 쿠데타》를 후대에 알리시기 위한 목적을 가지고 계시는 것이다. 이러한 점을 《천부경(天符經)》을 공부하시는 분들은 필히 알아야 하는 것이다.

 이러한 《원천창조주(原泉創造主)》의 뜻도 모르고 오늘날까지 최고의 《대마왕신(大魔王神)》《비로자나(毘盧遮那)》와 수하 《대마왕신(大魔王神)》들과 《대마왕불(大魔王佛)》들과 추종 세력들의 사주를 받은 진리(眞理)도 모르는 《마왕(魔王)》들이

 《천부경(天符經)》 강의를 한답시고 진화(進化)하는 인간 무리들의 진화(進化)를 방해하고 《진리(眞理)》를 모르게 하기 위해 입에 개거품을 물고 설치고 있는 현실이 안타까운 것이다.

이러한 《천부경(天符經)》 강의를 하고 있는 《마왕(魔王)》들은 《천상(天上)》의 벌(罰)을 무서워하여야 할 것임을 《미륵불(彌勒佛)》이 차제에 경고하여 두는 바이다.

이와 같이 《천일일(天一一)》 우주를 중심하여 다음으로 만들어지는 우주들이 《지일일(地一一)》 우주와 《지일이(地一二)》 우주와 《인일일(人一一)》 우주와 《인일이(人一二)》 우주와 《인일삼(人一三)》 우주이다.

이러한 우주들을 《석가모니 하나님 부처님》께서는 《지일이(地一二)》 우주와 《인일삼(人一三)》 우주로 간략히 설명을 하고 계시는 것이다.

이러한 뜻을 감안한 《의역(意譯)》은 다음과 같다.

『 《천일일(天一一)》 우주를 중심하여

《지일일(地一一)》·《지일이(地一二)》 우주와
　　《인일일(人一一)》·《인일이(人一二)》·
　　《인일삼(人一三)》 우주를 만들고
　　《태양수(太陽數) 9》를 가진
　　《태양성(太陽星)》을 탄생시켜』

라고 의역(意譯)이 된다.

『해설(解說)』

1) 각 성단(星團)의 특징

(1) 《천일일(天一一)》 우주(宇宙) (오리온좌 성단)

※ 《오리온좌》 성단도와 《이집트》 기자(Giza)의 대 피라미드 실물 도형도 첨부 설명.

[《이집트》기자(Giza)의 대피라미드]

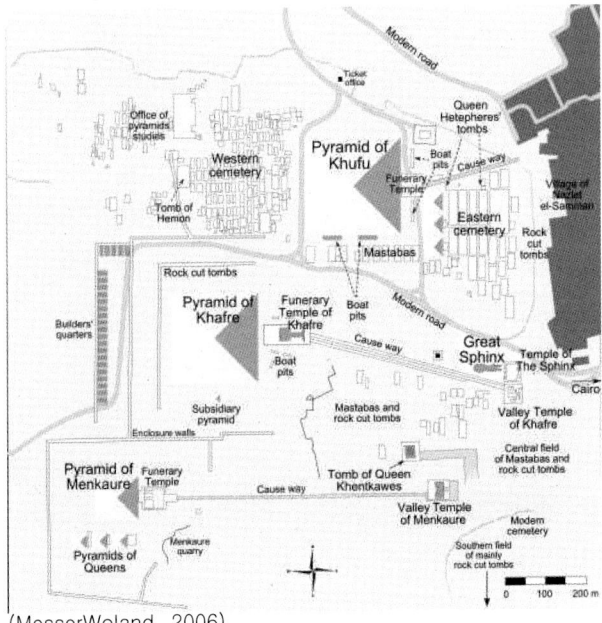

(MesserWoland, 2006)
https://commons.wikimedia.org/wiki/File:Giza_pyramid_complex_(map).svg

[오리온좌] 성단도 설명

오리온 별자리 성단

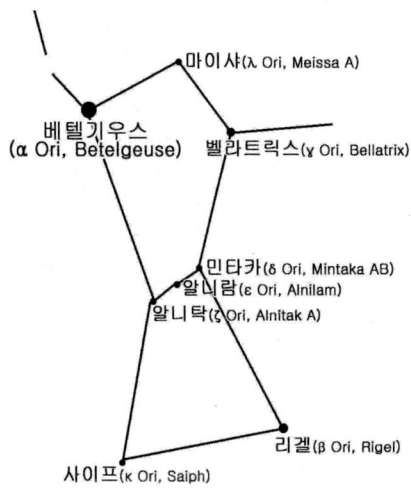

① 알파성(星) 《베텔기우스(Betelgeuse)》

 처음 탄생되었을 때는 《중성자(中性子) 태양성(太陽星)》이었으나 지금은 《반중성자(反中性子)》 별(星)인 《진성성(眞性星)》으로 변화하여 있으며 이를 두고 《석가모니 하나님 부처님》의 법왕궁(法王宮)이라고 하며, 지상(地上)의 고대《이집트》《기자》의 대피라미드 중《쿠푸(Khufu)》대피라미드로 형상화되어 있다.

② 《벨라트릭스(Bellatrix) 성(星)》

달(月)로써 우주간(宇宙間)의 어머니(母)이신《원조 관세음보살님》의 법궁(法宮)으로써 고대《이집트》《기자》의 피라미드(Pyramid of Giza) 옆에 사자머리를 가진《대스핑크스(Great Sphinx)》로 형상화 되어 있다.

③ 《알니람(Alnilam) 성(星)》

《오리온좌》성단(星團)에서 유일하게《인간무리》들이 거주하는 별로써《석가모니 하나님 부처님》의 우주적 장자(張子)이신《메시아》이신《미륵보살》의 법궁(法宮)으로써 고대《이집트》《기자》의 대피라미드 중《카프레(Khafre)》피라미드로 형상화되어 있다.

④ 《리겔(Rigel) 성(星)》

  《석가모니 하나님 부처님》분신(分身)(橫)의 별로써《양자태양성(陽子太陽星)》이며, 지상(地上)의 고대《이집트》《기자(Giza)》의 피라미드 중《멘카우레(Menkaure)》피라미드로 형상화되어 있다.

⑤ 《기자(Giza)》의 피라미드

《기자(Giza)》의 피라미드는 《지상(地上)》의 고대 《이집트》에서 약 4,500년 전(前)인 기원전 26세기경 건조된 《쿠푸(Khufu)》, 《카프레(Khafre)》, 《멘카우레(Menkaure)》 등 3대 피라미드를 말한다.

《쿠푸》 피라미드의 높이는 146.7m이며, 《카프레》의 피라미드 높이는 143m이며, 《멘카우레》의 피라미드 높이는 65m이다.

이러한 《기자(Giza)》의 3대 피라미드(pyramid)는 세계 최대의 건축물로써 내부에는 《신전(神殿)》이 자리하고 있다.

이와 같은 《기자》의 3대 피라미드는 《석가모니 하나님 부처님》과 《메시아》이신 《미륵보살》이 《파라오》로 이름하고 와서 만들은 《신전(神殿)》으로써

고대 《이집트》 문명을 일으킨 자가 《메시아》이신

《미륵보살》이 《호루스(Horus)》로 이름하고 와서 일으킨 문명이다.

 이 때문에 《이집트인》들은 《미륵보살》의 후손들이라고 하며,

이러한 인연으로 고대 《이집트》《카르나크》대신전(大神殿)에 《테베 삼신(三神)》으로

《석가모니 하나님 부처님 분신(縱)》께서 《아멘(Amen)》신(神)으로 이름하시고 《대비관세음보살(大悲觀世音菩薩)》님께서 《뮤트(Mut)》신(神)으로 이름하시고 《미륵보살》이 《콘수(Khonsu)》또는 《몬투(Montu)》신(神)으로 이름하시어

《초기 기독교》의 《경배》신(神)으로 자리하는 것이다.

※ 《개천(開天)》이 되면서 《현존우주(現存宇宙)》의 뿌

리가 되는 《상천궁(上天宮)》 모두가 《석가모니 하나님 부처님》의 《화(化)》라고 말씀 드렸다.

  이와 같은 《석가모니 하나님 부처님》께서 두 번째 《화(化)》로써 만드신 성단(星團)이 《오리온좌》 성단으로써 이 역시 음(陰)의 《하늘(天)》이 된다.

(2) 지일일(地一一), 지일이(地一二) 우주

① [지일일(地一一) 우주(宇宙)]

  인일일(人一一) 우주보다 10억 년(億年) 늦게 10억 년(億年)에 걸쳐 만들어지는 우주(宇宙)가 《지일일(地一一)》 우주(宇宙)로써

《지일일(地一一)》 우주 5억 년(億年) 시점에 《노사나

불(盧舍那佛)》이 《대마왕불(大魔王佛)》로 탄생(誕生)하면서 우리들의 《태양성(太陽星)》이 탄생한다.

　이러한 《태양성(太陽星)》이 탄생하기 5억 년전(億年前)까지 《지일일(地一一)》 우주는 《일월등명불(日月燈明佛)》이 만들어 《처녀자리》 성단 등을 만들고

나머지 절반의 《지일일(地一一)》 우주가 만들어질 때 《노사나불(盧舍那佛)》 진신삼성(眞身三星)인 《태양성(太陽星)》과 《수성(水星)》과 《금성(金星)》이 태어나

《태양성(太陽星)》은 《노사나불(盧舍那佛)》의 법신(法身)이 되고 《금성(金星)》은 《백의관음》의 법신(法身)이 되고 그 사이에 태어난 《수성(水星)》은 《화덕보살》의 법신(法身)이 된다.

　그러한 후 나머지 성단들은 《노사나불(盧舍那佛)》이 《지일삼(地一三)》 이동우주를 만들어 훗날 만들어지는 《수미산(須彌山)》 비유의 《지이삼(地二三)》 우주

에 합류를 시키는 특징이 있으며

이 때문에 우주간(宇宙間) 성단들 중 《수미산(須彌山)》 비유의 《지이삼(地二三)》 우주가 제일 크다고 하는 것이다.

② [지일이(地一二) 우주(宇宙)]

 《지일이(地一二)》 우주는 《지일일(地一一)》 우주 다음으로 《10억 년(億年)》간 만들어지는 우주로써

《지일이(地一二)》 우주에 들어서면서 우리들 태양계(太陽界)의 《토성》, 《천왕성》, 《해왕성》, 《명왕성(冥王星)》이 각각 1억 년(億年)의 차이를 두고 태어나게 된다.

 이로써 《태양성》, 《수성》, 《금성》, 《토성》, 《천왕

성》,《해왕성》,《명왕성》이 7성(七星)을 완성하여《지일(地一)》의 이동 성단(星團)이 완성이 되며

이러한《지일(地一)》의 7성(星) 중《토성》이《지장보살》의 법신(法身)이 되고《천왕성(天王星)》이《천왕불(天王佛)》의 법신(法身)이 되며《해왕성》이《약상보살(藥上菩薩)》의 법신(法身)이 되고《명왕성》이《약왕보살(藥王菩薩)》의 법신(法身)이 된다.

이러한 때인《지일이(地一二)》우주 초반에《연등불(燃燈佛)》의《천궁(天宮)》이 만들어져《연등불(燃燈佛)》의《천궁(天宮)》을 중심으로《지일(地一)》의 7성(星)이 자리하고 그 외곽에는《지일삼(地一三)》이동 우주가 자리하여 많은 별(星)들을 생산하는 도중,

《지일이(地一二)》우주 10억 년(億年) 시점에《노사나불(盧舍那佛)》은 그의《육신불(肉身佛)》인《아촉불(阿閦佛)》의 천궁(天宮)을 새로이 만들게 된다.

이와 같이 《지일이(地一二)》 우주 끝부분에 만들어진 《아촉불(阿閦佛)》을 중심한 《천궁(天宮)》은 곧 《지일삼(地一三)》 이동 우주와 지일(地一)의 7성(星)을 이끌고 은하수(銀河水)를 건너 《천이삼(天二三)》 우주로 이동하고

《연등불》 천궁(天宮)은 이때까지 만들어진 별(星)들을 거느리고 《지일이(地一二)》 우주의 《무우자리》 성단으로 자리하는 것이다.

이와 같이 《무우자리》 성단(星團)에서 지상(地上)의 《북반구 문명》 때인 《한국(韓國)》을 중심한 《구막한제국(寇莫韓帝國)》이 《구한(九桓)》을 거느리고 전세계(全世界)를 지배할 때

《연등불》의 천궁(天宮)이 45억 년(億年) 일적(一積)의 기간인 진화(進化)의 기간을 거친 후 대폭발을 일으켜 《태양성(太陽星)》을 탄생시켜 현재의 《무우자리》 성단(星團)을 이끌고 있는 것이다.

이러한 《무우자리》 성단을 최근 세계 《천문학계》를 지배하는 《마왕학자》들이 《황소자리》 성단이라고 사기를 쳐 인간 무리들을 속이고 있는 것이다.

(3) 인일일(人ㅡㅡ), 인일이(人ㅡ二), 인일삼(人ㅡ三) 우주(宇宙)

① [인일일(人ㅡㅡ) 우주(宇宙)]

　《석가모니 하나님 부처님》《여섯 뿌리》법궁(法宮)인 《목성(木星)》이 탄생하면서 10억 년(億年) 동안 만들어지는 우주(宇宙)를 《인일일(人ㅡㅡ)》 우주(宇宙)라고 하며,

　《인일일(人ㅡㅡ)》 우주에서 만들어진 성단(星團)이 《독수리자리》 성단으로써 《독수리자리》 성단의 《알파 성(星)》이 《미륵보살》의 법신(法身)이다.

[3] 天ㅡㅡ 地ㅡ二 人ㅡ三　　119

이러한 《독수리자리》 성단은 《묘법화경(妙法華經)》에서는 《영산회상(靈山會上)》이라고 하며

《석가모니 하나님 부처님》께서 《대통지승부처님》을 이루시고 《천일궁(天一宮)》에서 첫 번째 《묘법화경(妙法華經)》을 설(說)하시고

두 번째 《묘법화경(妙法華經)》을 설(說)하신 곳이 이 《영산회상(靈山會上)》으로 불리는 《독수리자리》 성단이다.

이와 같은 《독수리자리》 성단이 《천(天)》, 《인(人)》, 《지(地)》 우주 구분의 《인(人)》의 우주 시작이 되는 곳으로써 이의 뿌리는 《작은곰자리》 성단으로 이름되는 《천일궁(天一宮)》이다.

이러한 《독수리자리》 성단은 《황소자리》 성단이라고도 하며

이러한 《황소자리》 성단을 최근 《천문학계》를 지배하는 《대마왕신(大魔王神)》 《비로자나》의 사주를 받은 《마왕(魔王)》 《학자(學者)》들이 《지일이(地一二)》 우주인 《무우자리》 성단을 《황소자리》 성단이라고 사기를 쳐오다가 최근 필자에 의해 이 사실이 들통이 난 것이다.

이러한 《인일일(人一一)》 우주인 《독수리자리》 성단(星團) 또는 《황소자리》 성단이 《묘법화경(妙法華經)》이 설(說)하여지는 무대라는 사실을 진리(眞理)를 공부하는 분들은 분명히 알아야 할 것이다.

이렇듯 최고의 《대마왕신(大魔王神)》 《비로자나(毘盧遮那)》와 수하에 있는 《대마왕신(大魔王神)》들과 《대마왕불(大魔王佛)》들이 진리(眞理)를 왜곡하는 이유가

지상(地上)의 BC 6세기 《화신(化神)의 석가모니》인 《고타마 붓다》가 《아라한》을 이루고 때에 이 자(者)의 주위에 몰려든 《비로자나》를 비롯한 《대마왕

신(大魔王神)》들과 《대마왕불(大魔王佛)》들과 추종 세력들이 《석가모니 하나님 부처님》의 종교(宗敎)와 불법(佛法)을 도둑질하여 《화신(化神)의 석가모니》를 《석가모니불(釋迦牟尼佛)》로 둔갑시키기 위해 벌인 《사기극》으로

때에 《묘법화경(妙法華經)》을 불법(佛法) 파괴하여 《묘법연화경(妙法蓮華經)》으로 만든 사실을 감추기 위해 《진리(眞理)》마저 왜곡한 경우가 되는 것이다.

 《진리(眞理)》마저 서슴없이 왜곡하는 그들이 가증스러운 것이다.

② [인일이(人一二) 우주(宇宙)]

 《인일일(人一一)》 우주 다음에 10억 년(億年) 동안 만들어지는 우주가 《인일이(人一二)》 우주이다.

이러한 《인일이(人一二)》 우주 5억 년(億年)까지는 《석가모니 하나님 부처님》의 《여섯 뿌리》법궁(法宮)인 《목성(木星)》 주도로 《인일일(人一一)》 우주와 상호작용으로 《천(天)》과 《인(人)》의 우주에서는 평균 《10개》의 별자리 성단(星團)을 만드는 것이다.

이러한 과정 중 《인일이(人一二)》 우주 5억 년(億年) 시점에 1억 년(億年)의 차이를 두고 《지구(地球)》, 《달(月)》, 《화성(火星)》을 탄생시키게 되며

《인일이(人一二)》 우주 9억 년(億年)에 《석가모니 하나님 부처님》께서는 육신불(肉身佛) 분신(分身)의 아들인 《다보불(多寶佛)》의 천궁(天宮)을 만드시고

이러한 《천궁(天宮)》을 중심으로 《석가모니 하나님 부처님》의 진신사성(眞身四星)인 《지구(地球)》, 《달(月)》, 《화성(火星)》, 《목성(木星)》이 자리하여 이동 성단을 만들게 된다.

[천일일·인일일·인일이 우주 주요 별자리]

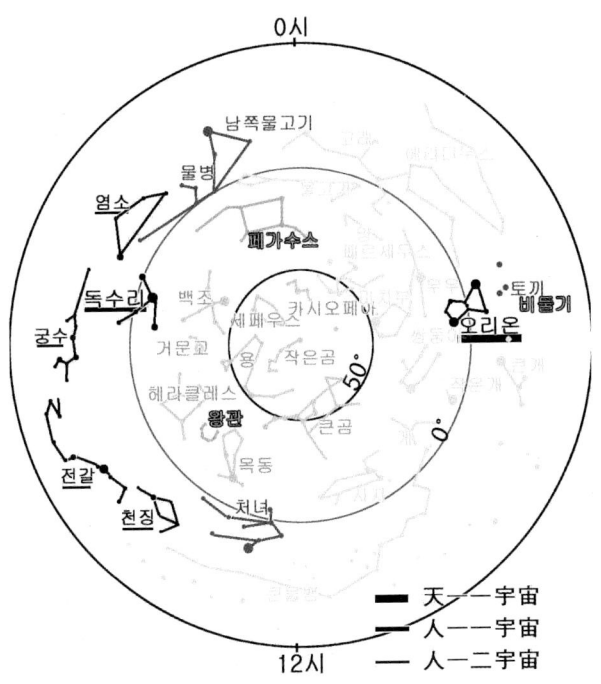

때에 만들어진 《다보불(多寶佛)》의 천궁(天宮)이 《안드로메다》성단(星團)으로 이름되는 《인이삼(人二三)》 우주의 중심 천궁(天宮)이 된다.

이로써 《다보불(多寶佛)》 천궁(天宮)을 중심(中心)한 《지구(地球)》, 《달(月)》, 《화성(火星)》, 《목성(木星)》은 《인일이(人一二)》 우주를 벗어나고

만들어진 성단(星團)들은 남아서 《인일이(人一二)》 우주를 이루고 자리한 것이며 《염소자리》, 《사수자리》, 《전갈자리》 등 별자리 성단들이 여기에 속한다.

③ 〔인일삼(人一三) 우주(宇宙)〕

《인일이(人一二)》 우주 다음에 10억 년(億年) 동안 《다보불》 천궁(天宮)을 중심한 《지구(地球)》, 《달(月)》, 《화성(火星)》, 《목성(木星)》 등 《석가모니 하나님 부처님》 진신 4성(眞身四星)이 자리한 이동 성단이 주도하여 만든 우주(宇宙)를 《인일삼(人一三)》 우주(宇宙)라고 하며,

《상계(上界)의 우주(宇宙)》와 《중계(中界)의 우주(宇宙)》 경계가 되는 《은하수(銀河水)》가 곧 《인일삼(人一三)》 우주이다.

《인일일(人一一)》 우주에서 《천일궁(天一宮)》이 만들어지는 초기에 《상천궁(上天宮)》《1-6의 성(星)》인 《여섯 뿌리 법궁(法宮)》이 핵(核)의 붕괴(崩壞)를 이루어 《여섯 뿌리 진공(眞空)》을 《암흑물질》층으로 분출하여 《거대한 공(空)》을 이루게 된다.

이러한 《거대한 공(空)》이 《거대한 공(空)》 → 《커 블랙홀》 → 《태양수(太陽數) ⊕9의 핵(核)》 → 《화이트홀》 → 《퀘이샤》 → 《황금알대일(黃金卵大一)》 등 《원(圓)》을 이룬 《천궁(天宮)》이 진화의 과정 중 《퀘이샤》 과정 이후 《40억 년(億年)》만에 외부적으로 많은 별(星)들을 만들어 거느리고 중심부 내부는 《황금알대일》의 과정을 겪은 후

《황금알대일》을 이룬 《천궁(天宮)》은 대폭발을 일

으킴으로써 《초신성(超新星)》이 탄생하여 1억 년(億年) 태중(胎中) 기간을 지나 《석가모니 하나님 부처님》《여섯 뿌리》법궁(法宮)인 《목성(木星)》이 태어나

《3성(三星)》을 차례로 만들어 《석가모니 하나님 부처님》《진신 4성(眞身四星)》을 이루고

폭발시 잔해를 끌어모아 1억 년(億年)에 1성(星)씩 《6성(星)》을 더 만들어

《10성(星)》으로 《방(方)》을 이루고 《인(人)의 우주》들의 《양(陽)》의 《하늘(天)》로 자리하게 되는 《독수리자리》 별(星)자리 성단(星團)이 되며,

《음(陰)》의 《하늘(天)》이 《천일일(天一一)》 우주의 《오리온좌》 별자리 성단이 된다.

즉, 《원(圓)》을 이루었던 《천궁(天宮)》이 진화(進化)하여 《방(方)》을 이룬 별(星)자리 성단이 되어 《하늘(天)》로 자리하게 된 것이다.

이로써 탄생하는 것이《원(圓)》,《방(方)》,《각(角)》으로써《각(角)》은 개체의 별(星)들로써 인간의《법신(法身)》이 되는 것이다.

이러한 이후 양(陽)의《하늘(天)》자리에 있던《여섯 뿌리》법궁(法宮)인《목성(木星)》은 양(陽)의《하늘자리》로부터 벗어나서

《천궁(天宮)》으로 진화할 당시 탄생시킨 많은 별(星)들을 이끌고 이들 중 상대적으로 큰 별(星)들을《방(方)》의 별자리 성단(星團)에 자리하게 함으로써

10억 년(億年) 동안 양(陽)의《하늘(天)》로 자리한《독수리자리》별자리 성단을 제외하고《9》의 별자리 성단을 만들어《인일일(人一一)》우주(宇宙)를 이루게 된다.

이후《석가모니 하나님 부처님》께서 좌정하신《여섯 뿌리》법궁(法宮)인《목성(木星)》은 별(星)자리

성단으로 자리하지 않는 많은 별(星)들의 무리를 이끌고《인일이(人―二)》우주로 넘어 가시는 것이다.

 이와 같이 하여《인일이(人―二)》우주 경계로 넘어온《여섯 뿌리 법궁(法宮)》인《목성(木星)》은 많은 별(星)들의 무리 중 상대적으로 큰 별(星)들로써 4억년(億年)에 걸쳐 4개의《방(方)》의 별(星)자리 성단을 만들었을 때

《천일궁(天―宮)》에서《석가모니 하나님 부처님》의《육신성(肉身星)》으로 있던《작은곰자리》《베타 성(星)》이 핵(核) 붕괴를 일으켜《여섯 뿌리 진공(眞空)》을《암흑물질》층으로 분출함으로써《거대한 공(空)》을 만들어《커블랙홀》작용을 하게 됨으로

《4×3×4》천궁도 성단(星團)을 이루어《태양수(太陽數) ⊕9의 핵(核)》과정과《화이트홀》의 과정과《퀘이샤》의 과정과《황금알대일(黃金卵大―)》의 과정을 겪으면서 우주 여행을 한 후

때마침 《인일이(人一二)》 우주 4억 년(億年) 시작 시점에 《석가모니 하나님 부처님》의 명령에 의해 《황금알대일(黃金卵大一)》에서 《여섯 뿌리 진공(眞空)》을 분출시켜 《거대한 공(空)》을 만들게 한 후 《인일이(人一二)》 우주 5억 년(億年) 되는 때에 《황금알대일(黃金卵大一)》의 폭발로 1억 년(億年)의 간격을 두고 《지구(地球)》, 《달(月)》, 《화성(火星)》을 탄생시키게 된다.

이로써 《지구(地球)》, 《달(月)》, 《화성(火星)》은 《목성(木星)》을 만나 《석가모니 하나님 부처님》 《진신사성(眞身四星)》으로 자리하였을 때 《인일이(人一二)》 우주 4억 년(億年)에 만들어졌던 《거대한 공(空)》이 5억 년(億年)의 진화(進化)의 끝에 《인일이(人一二)》 우주 9억 년(億年)이 되는데,

이때 《석가모니 하나님 부처님》께서는 스스로의 《육신불(肉身佛)》 분신(分身)의 아들인 《다보불(多寶佛)》에게 《커블랙홀》에 좌정하시게 하는 것이다.

《다보불(多寶佛)》은 《대마왕불(大魔王佛)》로서 《천일궁(天一宮)》에서 지금으로부터 100억 년(億年) 전(前) 《석가모니 하나님 부처님》께 최고의 《대마왕신(大魔王神)》《비로자나》와 그의 수하에 있던 《대마왕신(大魔王神)》들과 《대마왕불(大魔王佛)》들이 그들을 추종하는 세력들과 함께 《우주 쿠데타》를 일으켰을 때 《다보불(多寶佛)》도 《대마왕불(大魔王佛)》 수괴 중 한 분으로 참여하였으나,

이때 《석가모니 하나님 부처님》께서는 스스로의 육신불(肉身佛) 분신(分身)의 아들이신 《대마왕불(大魔王佛)》인 《다보불(多寶佛)》에게 다시 한 번 참회할 기회를 주시기 위해 때에 만들어진 《커블랙홀》에 《다보불(多寶佛)》을 자리하시게 한 것이다.

이와 같이 《석가모니 하나님 부처님》께서는 《인일이(人一二)》 우주로 넘어오시면서 많은 별(星)들 무리를 이끌고 넘어오시어 《4개》 별(星)자리 성단을 만드신 이후에도 많은 별(星)들의 무리가 남게 되는데,

이때 《천일궁(天一宮)》의 《석가모니 하나님 부처님》의 《육신성(肉身星)》인 《작은곰자리》《베타 성(星)》으로부터 비롯된 천궁(天宮)도 진화(進化)의 과정에 수많은 《별(星)》들을 탄생시켜 《인일이(人一二)》 우주에 합류를 한 후

《석가모니 하나님 부처님》께서는 《인일이(人一二)》 우주에 자리하게 되는 나머지 《6》의 별(星)자리 성단을 상대적으로 큰 별(星)들을 골라 별(星)들의 성단(星團)을 이루게 하시고

《인일이(人一二)》 우주 끝 무렵에 《다보불(多寶佛)》이 좌정한 《커블랙홀(Kerr Black Hole)》을 중심으로 《지구(地球)》, 《달(月)》, 《화성(火星)》, 《목성(木星)》 등 《석가모니 하나님 부처님》 진신 4성(眞身四星)이 자리하여 이동 성단을 이루신 이후

《인일일(人一一)》 우주와 《인일이(人一二)》 우주에서 별(星)자리 성단으로 자리하지 못한 수많은 별(星)들과 소행성(小行星)들과 이들을 탄생시킬 때 발생한 물질(物質)들을 이끌고 《인일삼(人一三)》 우주 경계로

넘어와 10억 년(億年) 동안 이들 수많은 별(星)들과 소행성(小行星)들과 물질(物質)들을 《상계(上界)》의 우주와 《중계(中界)》의 우주 경계를 만드는 곳에 전개시켜 《인일삼(人一三)》 우주를 완성하시고

《천궁(天宮)》을 중심한 《석가모니 하나님 부처님》 《진신 4성(眞身四星)》은 다시 이동 성단이 되어 《중계(中界)》의 우주에 자리한 《천이삼(天二三)》 우주로 이동하시는 것이다.

이와 같이 하여 만들어진 것이 《은하수(銀河水)》로써 곧 《인일삼(人一三)》 우주가 되는 것이다.

궁극적으로 《은하수(銀河水)》는 《석가모니 하나님 부처님》께서 만드신 것이 되는 것이다.

때에 《인일이(人一二)》 우주에서 만들어진 《석가모니 하나님 부처님》 진신 4성(眞身四星) 중 《지구(地

球)》가 《미륵보살》의 육신성(肉身星)이며, 《달(月)》이 《대비관세음보살(大悲觀世音菩薩)》의 육신성(肉身星)이며,

《화성(火星)》이 한때 《미륵보살》이 《대마왕불(大魔王佛)》인 《다보불(多寶佛)》로부터 《지구(地球)》에서 쫓겨나 임시로 머물은 별(星)이며

이후 《대마왕불(大魔王佛)》인 《다보불(多寶佛)》은 《지구(地球)》로부터 《미륵보살(彌勒菩薩)》을 쫓아내고 《천일궁(天一宮)》에서부터 《우주 쿠데타》에 동참한 《마왕보살(魔王菩薩)》인 《문수보살(文殊菩薩)》을 일시적으로 그 자리에 앉게 하였으나

《미륵보살(彌勒菩薩)》이 지상(地上)의 서기(西紀) 2000년에 《미륵부처》를 이룸으로써 《지구(地球)》는 다시 《미륵부처》의 《육신성(肉身星)》으로 되돌아 간 것이다.

⑷ 《태양수(太陽數) 9》

 《우담발화(優曇鉢華)》로 비유되는 초기 《천궁(天宮)》인 《커블랙홀》이 5억 년(億年)간의 작용(作用)을 끝낸 후 《천궁(天宮)》의 핵(核)을 10억 년(億年) 동안 만들게 되는데,

 이러한 《천궁(天宮)》의 핵(核)을 《태양수(太陽數) ⊕9의 핵(核)》이라고 하며,

 이후 《천궁(天宮)》은 《화이트홀(White hole)》의 과정과 《퀘이샤》의 진화(進化)의 과정을 20억 년(億年) 겪고 외부적으로는 회전을 하면서 수많은 별(星)들을 만들고 내부적으로는 중심부가 《황금알대일(黃金卵大一)》의 진화(進化)의 과정을 10억 년(億年) 겪게 된다.

 이와 같이 최초 5억 년(億年) 동안 거대한 《공(空)》을 이룬 이후 《커블랙홀》 → 《태양수(太陽數) ⊕9의 핵(核)》 → 《화이트홀》 → 《퀘이샤》 → 《황금알

대일》의 진화의 과정을 모두 50억 년(億年)을 겪고 《커블랙홀》이 작용을 시작한 지 45억 년(億年)만에 《황금알대일》의 대폭발로 《초신성(超新星)》이 태어나 《초신성》의 과정을 1억 년(億年) 겪고 《태양성(太陽星)》이 태어난다.

이러한 《태양성(太陽星)》이 천궁(天宮)의 핵(核)인 《태양수(太陽數) ⊕9의 핵(核)》을 이룬 지 30억 년(億年) 진화의 과정을 겪고 《태양성(太陽星)》으로 태어나 비로소 《태양수(太陽數) 9》를 갖게 되는 것이다.

이와 같이 《태양성(太陽星)》이 갖게 되는 《태양수(太陽數) 9》란 《천(天)》과 《인(人)》의 우주에서 태어나는 《태양성(太陽星)》은 《태양성(太陽星)》 포함 《진신4성(眞身四星)》을 이루고 예를 들면, 《목성(木星)》, 《달(月)》, 《화성(火星)》, 《지구(地球)》가 되며

《지(地)》의 우주에서는 《태양성(太陽星)》 포함 《진신3성(眞身三星)》을 이루게 된다. 예를 들면, 우리들의

《태양성(太陽星)》과 《수성(水星)》, 《금성(金星)》 등 《진신 3성(眞身三星)》을 이루는 것을 말한다.

즉, 《태양성(太陽星)》이 《천(天)》과 《인(人)》의 우주에서는 《4성(四星)》으로 태어나고 《지(地)》의 우주에서는 《삼성(三星)》으로 태어나는 것을 《태양수(太陽數) 9》라고 하는 것이다.

(5) 《태양성(太陽星)》

《태양성(太陽星)》은 《중성자태양성(中性子太陽星)》, 《양자태양성(陽子太陽星)》, 《양전자태양성(陽電子太陽星)》, 《가스성 태양성(Gas星太陽星)》 등 넷이 있다.

이러한 《태양성(太陽星)》 중 《중성자태양성(中性子太陽星)》은 《석가모니 하나님 부처님》의 법신(法身)으

로써 《음양(陰陽)》의 수명이 《240억 년(億年)》이며

《가스성태양성》은 《대마왕신(大魔王神)》 종교인 현재의 《천주교(天主敎)》에서 《하나님》으로 받드는 《악마(惡魔)의 신(神)》인 《야훼 신(神)》의 법신(法身)으로써 《음(陰)》의 수명(壽命)이 《100억 년(億年)》이며 《양(陽)》의 수명(壽命)이 《10억 년(億年)》으로써 《음양(陰陽)》의 수명이 《110억 년(億年)》이 된다.

그리고 《천(天)》과 《인(人)》의 우주에서 불법(佛法) 일치를 이루신 부처님들께서 《양자태양성(陽子太陽星)》을 가지시며 그 수명은 〔표. 양자태양성과 양전자태양성의 구체적인 수명 정리〕에서 밝힌 바와 같이 《음양(陰陽)》《200억 년(億年)》이며

《지(地)》의 우주에서 불법(佛法) 일치를 이루신 부처님들께서는 《양전자태양성(陽電子太陽星)》을 가지시며 이의 좋은 《예》가 지금의 우리들 《태양성(太陽星)》이다.

이러한 《태양성(太陽星)》의 《음양(陰陽)》의 수명은 아래 표에서 밝힌 바와 같이 《200억 년(億年)》이다.

이러한 《양자태양성(陽子太陽星)》과 《양전자태양성(陽電子太陽星)》의 수명을 구체적으로 밝혀 정리하면 다음과 같다.

[표] 《양자태양성(陽子太陽星)》과
《양전자태양성(陽電子太陽星)》의 구체적인 수명 정리

가시적인 수명 (양(陽)의 수명)	태양성 활발한 활동기	50억 년	100억 년
	태양성 핵붕괴로 인한 흑점 활동기	5억 년	
	태양성 핵 붕괴 이후 축소기	45억 년	
음(陰)의 수명	태양 흑점 활동으로 인한 항성풍 이동기	5억 년	100억 년
	천궁(天宮) 진화기	45억 년	
	태양성 축소기 후 백색왜성 탄생과 수명	50억 년	

彌勒佛(2018), 菩薩佛敎 妙法華經解說 1(보살불교 묘법화경해설 1), ㈜아나. 187쪽

[3] 天一一 地一二 人一三   139

2) 《천일궁(天一宮)》《우주쿠데타》의 실상(實相)

 이번 법공(法空) 진화기(進化期)에 들어와서 우주(宇宙) 창조(創造) 작업을 시작하시면서 많은 역할 때문에 처음으로 《석가모니 하나님 부처님》께서는 《우주간(宇宙間)의 법칙(法則)》인 二陽一陰(이양일음) 법칙(法則)에 의해 셋으로 분리되시는 것이다.

 즉, 二陽(이양)이 《석가모니 하나님 부처님》과 《대통지승불(大通智勝佛)》이 자리하시고 一陰(일음)에는 《위음왕여래(威陰王如來)》께서 자리하시어

 《석가모니 하나님 부처님》께서는 《상천궁(上天宮)》 《1의 성(星)》인 《중성자태양성(中性子太陽星)》에 앉으시고

 《대통지승불(大通智勝佛)》은 《석가모니 하나님 부처님》의 육신불(肉身佛)로서 《양자태양성(陽子太陽星)》을 가지시고 《상천궁(上天宮)》 《1-9의 성(星)》에 자리하

시고

《위음왕여래(威陰王如來)》는 《천(天)》, 《인(人)》, 《지(地)》의 우주 중 《지(地)》의 우주(宇宙)를 맡으시고 때로는 《전륜성왕(轉輪聖王)》으로 자리하시는 것이다.

이러한 때 《석가모니 하나님 부처님》께서는 《상천궁(上天宮)》이 태어나기 이전(以前) 《유정천(有頂天)》에서 우주(宇宙)의 어머니(母)이신 《원조 관세음보살님》과 혼인하시어 장남(長男)인 《미륵보살》과 《용시보살》을 탄생시키시고,

생(生)을 바꾸어 윤회(輪廻)를 하는 가운데 《미륵보살(彌勒菩薩)》과 《용시보살(龍施菩薩)》은 부부의 연(緣)을 갖게 된 후 큰 딸을 생산하게 되는데 이러한 큰 딸이 뒷날 《대마왕신(大魔王神)》으로 변한 《묘음보살(妙音菩薩)》이며,

이후 《천일궁(天一宮)》에서 《미륵보살(彌勒菩薩)》은 《대관세음보살》과의 사이에서 《약상보살(藥上菩薩)

》과 《약왕보살(藥王菩薩)》을 아들로 두게 된다.

그리고 《대비관세음보살(大悲觀世音菩薩)》께서는 《상천궁(上天宮)》이 태어난 이후 《수욱보살》을 딸로 두게 된다.

이러한 때 《위음왕여래(威陰王如來)》와 《대비관세음보살(大悲觀世音菩薩)》 첫 번째 분신(分身) 사이에서는 그의 분신(分身)의 딸을 두게 되는데,

이 분은 세세생생 윤회(輪迴)를 하면서 지상(地上)에 와서 《미륵보살》의 부인이 되어 《미륵보살》 죽이기를 열 번 이상 한 분으로 최근 이 분은 모든 그의 잘못을 참회(懺悔)하고 《미륵불(彌勒佛)》로부터 용서를 받고 좋은 곳으로 가신 것이다.

한편, 《위음왕여래(威陰王如來)》께서는 《대비관세음보살(大悲觀世音菩薩)》의 첫 번째 분신(分身)과 혼인하

시어 장녀(長女)로 《대관세음보살》을 탄생시켜 훗날 《미륵보살(彌勒菩薩)》의 부인이 되게 하신 후,

생(生)을 바꾸시고 다음으로 《마고신(神)》을 탄생시키시어 《다보불(多寶佛)》의 부인이 되게 하시어 훗날 《백의관음(白衣觀音)》을 탄생하게 하신다.

다음으로 《위음왕여래》께서는 《대비관세음보살님》의 첫 번째 분신(分身)과 다시 혼인하시어 《대마왕불(大魔王佛)》인 《강증산》과 《노사나불(盧舍那佛)》을 탄생하게 하심으로써

훗날 《노사나불(盧舍那佛)》은 형제로서 《거문성불》과 《녹존성불》을 두시고 다음으로 《노사나불(盧舍那佛)》 2세인 《무곡성불》과 《노사나불(盧舍那佛)》 3세인 《연등불(燃燈佛)》을 두게 되며 《노사나불(盧舍那佛)》 아들로서 《지장보살》을 두게 된다.

이와 같이 때에 《미륵불(彌勒佛)》이 《천상(天上)》의

4) 천일궁(天一宮) 우주쿠데타의 실상(實相)

일부 진실(眞實)을 밝히는 이유는 최고의 《대마왕신(大魔王神)》인 《비로자나》와 함께 최고의 《대마왕불(大魔王佛)》 두목으로 자리하였던 《대비관세음보살(大悲觀世音菩薩)》님 첫 번째 분신(分身)의 《악행(惡行)》을 드러내기 위해 이를 밝히고 있는 것이다.

이러한 이후 《상천궁(上天宮)》이 탄생이 되고 《개천이전(開天以前)》에 생산되었던 수많은 영(靈)들이 인간 육신(肉身)을 가진 《신(神)》들로 태어났을 때 처음 《비로자나》를 아버지로 하였던 《아미타불(阿彌陀佛)》이 이후 세세생생 《미륵보살(彌勒菩薩)》을 아버지로 하여 탄생하게 되는데,

《상천궁(上天宮)》이 태어나자 《상천궁(上天宮)》 《1-3의 성(星)》을 법신(法身)으로 하여 《아미타불(阿彌陀佛)》이 태어났을 때

《대비관세음보살님》께서는 《미륵보살(彌勒菩薩)》의 동생이 되는 《수욱보살》을 《아미타불(阿彌陀佛)》과 혼인을 시키게 되는데, 이때부터 《대비관세음보

살》첫번째 분신(分身)의 악행(惡行)이 시작된다.

한편, 때에《석가모니 하나님 부처님》세 번째 분신(分身)(橫)이 태어나시어《천왕불(天王佛)》과《야훼 신(神)》과《쌍둥이 천왕불》을 생산하시고,

두 번째 분신(分身)(橫)이 최고의《대마왕신(大魔王神)》《비로자나(毘盧遮那)》로서 이러한《비로자나》는《화신(化神)》의《석가모니》와《그림자 비로자나》와《천관파군불》과《이오 신(神)》을 낳고 이들 각각은 다수의 분신(分身)들을 갖게 된다.

그리고《석가모니 하나님 부처님》육신불(肉身佛) 분신(分身)인 옥황상제의 아들로서《다보불(多寶佛)》이 탄생되신다.

이러한 와중에《대비관세음보살(大悲觀世音菩薩)》첫 번째 분신(分身)은 태어나면서부터《지(地)》의 우

주 진화(進化)의 길을 걷는 《대마왕(大魔王)》으로 태어나

항상 최고의 《대마왕신(大魔王神)》 《비로자나》의 명령을 받들어 《비로자나계(系)》의 《대마왕신(大魔王神)》들과 《대마왕(大魔王)》들을 부추겨 온 것이다.

《천상(天上)》의 법칙(法則)으로는 한 번 부인을 맞이하거나 스스로의 《배(配)》가 결정되면 자신의 진화(進化)가 끝날 때까지 세세생생 윤회(輪廻)하여 《배(配)》가 되는 것이 법칙이다.

그러나 《대비관세음보살(大悲觀世音菩薩)》의 첫 번째 분신(分身)은 《상천궁(上天宮)》이 태어나고 《상천궁(上天宮)》 《1-1의 성(星)》과 《1-2의 성(星)》과 《1-3의 성(星)》이 《핵(核)》의 붕괴로 《여섯 뿌리 진공(眞空)》과 《여섯 가지 진공(眞空)》을 외부로 쏟아낼 즈음

《대비관세음보살》의 첫 번째 분신(分身)은 최고의 《대마왕신(大魔王神)》《비로자나》의 명령으로 지금까지 남편으로 자리하신 《위음왕여래》를 헌신짝처럼 버리고 때에 《아미타》의 조강지처로 자리한 《수욱보살》을 《아미타》로부터 쫓아내고 그 스스로가 《아미타》의 부인 자리를 차지하고 그의 분신(分身)들을 시켜 세세생생 《수욱보살》을 핍박하기를 115억년(億年)을 한 것이다.

이러한 이후 《아미타》와 《대비관세음보살》 첫 번째 분신(分身)은 부부를 이루고 《일월등명불(日月燈明佛)》을 생산하게 된다.

한편, 《개천이진(開天以前)》에 진화(進化)하던 《진명궁(眞明宮)》에서 반란을 하기 위해 《진명궁(眞明宮)》에서 생산(生産)하는 《영체진화(靈體進化)》를 하는 《영(靈)》들에게 《마성(魔性)》을 깊게 심다가 이러한 사실이 《석가모니 하나님 부처님》께 발각되어 《석가모니 하나님 부처님》으로부터 쫓겨난 최고의 《대마왕

4) 천일궁(天一宮) 우주쿠데타의 실상(實相)　　147

신(大魔王神)《비로자나》가《진명궁(眞明宮)》으로부터 쫓겨난 후

《진명궁(眞明宮)》은 중심(中心)이 없이 30억 년(億年) 축소기에 들어가 있을 때《개천(開天)》이 되어《상천궁(上天宮)》이 태어난다.

이러한 때《대비관세음보살(大悲觀世音菩薩)》의 첫 번째 분신(分身)과《대관세음보살》과《마고신(神)》이 결탁하여《대비관세음보살》첫 번째 분신(分身)의 아들인《일월등명》을《진명궁(眞明宮)》핵(核)으로 자리하게 한다.

이러한 이후 위와 같은 일을 아시고 뒤늦게《위음왕여래(威陰王如來)》께서도《상천궁(上天宮)》5억 년(億年) 시점에 그의 아들인《노사나》를《진명궁(眞明宮)》핵(核)으로 들여 보내게 됨으로

5억 년(億年) 이후《진명궁(眞明宮)》이《황금알대일(黃

金卵大一)》진화기간(進化期間)을 모두 채우고 대폭발을 일으켜 현재의 《북극성(北極星)》이 탄생될 때

《일월등명》과 《노사나》는 쌍둥이 형제로 태어나서 《북극성(北極星)》은 《일월등명불(日月燈明佛)》의 법신(法身)이 되고 《북극성(北極星)》과 몸(身)을 나눈 《북두칠성(北斗七星)》《알파 성(星)》에는 《노사나불(盧舍那佛)》이 자리하여

《북극성(北極星)》이 태어나자마자 《초기우주(初期宇宙)》 특성상 《북극성(北極星)》이 핵(核) 붕괴를 일으켜 《암흑물질》 바탕에 《거대한 공(空)》을 이루고 《커 블랙홀》의 작용에 들어갈 때

순서로 보면 《일월등명불(日月燈明佛)》이 당연히 《커 블랙홀》 중심에 앉아야 되나 그렇지 못하고 《노사나》가 앉게 되어 《지일(地一)》의 《태양선(太陽船)》이 출발함으로써 《노사나》가 《지일(地一)》의 《태양선(太陽船)》을 탈취를 하는 것이다.

4) 천일궁(天一宮) 우주쿠데타의 실상(實相)

이러한 직전에 《아미타불》과 《대비관세음보살(大悲觀世音菩薩)》 첫 번째 분신(分身) 부부는 《상천궁(上天宮)》에서 〈2×1×2〉 쌍둥이 천궁도(天宮圖)를 이루어 《상천궁(上天宮)》을 벗어날 때,

《상천궁(上天宮)》《1-9의 성(星)》인 《양자태양성(陽子太陽星)》을 법궁(法宮)으로 하셨던 《대통지승불(大通智勝佛)》께서는

《천일우주(天一宇宙)》 북쪽에 《양(陽)의 36궁(宮)》을 만드시고 《북극성(北極星)》을 포함하여 10성(星)을 만드시어 《천일궁(天一宮)》을 탄생시키고

스스로께서는 《천일궁(天一宮)》《베타 성(星)》에 자리하시고 《미륵보살(彌勒菩薩)》은 《감마 성(星)》에 자리하시는 것이다.

이후 만들어지는 우주(宇宙)는 이 《천일궁(天一宮)》을 중심하여 만들어지기 때문에 《천일궁(天一宮)》을 《양(陽)의 하늘(天)》이라고 하는 것이다.

이와 같이《천일궁(天一宮)》을 중심하여《상천궁(上天宮)》을 벗어난《아미타불》과《대비관세음보살(大悲觀世音菩薩)》의 첫 번째 분신(分身)이 자리한 쌍둥이 천궁도(天宮圖)인 〈2×1×2〉 천궁도(天宮圖) 성단(星團)은 계속 여행을 한 후

《아미타불(阿彌陀佛)》은《백조자리》성단을 만들고《백조자리》성단《알파 성(星)》에 그의 어미(母)인《대관세음보살》로 하여금 좌정하게 한다.

 이러한 이후《아미타불》은 계속 여행하여《목동자리》별자리가 들어설 입구에서《태양수(太陽數) 9》를 가진《태양성(太陽星)》을 탄생시켜《아미타불》《진신 4성(眞身四星)》을 이루고《태양성(太陽星)》을 법궁(法宮)으로 하여 좌정하고,

《아미타불》성단(星團)을 따라온《쌍둥이 천궁(天宮)》에 자리하였던《대비관세음보살(大悲觀世音菩薩)》첫 번째 분신(分身)은《운뢰음수왕화지불(雲雷音宿王華智佛)》이 되어 자리하여《목동자리》별자리의《관음궁

《觀音宮》을 만드는 것이다.

 이러한 《목동자리》《관음궁(觀音宮)》은 《대비관세음보살》의 첫 번째 분신(分身)인 《운뢰음수왕화지불(雲雷音宿王華智佛)》이 《아미타불》의 조강지처인 《수욱보살》을 내어 쫓지 않았다면 《수욱 보살》이 만들어야 할 성단(星團)이며,

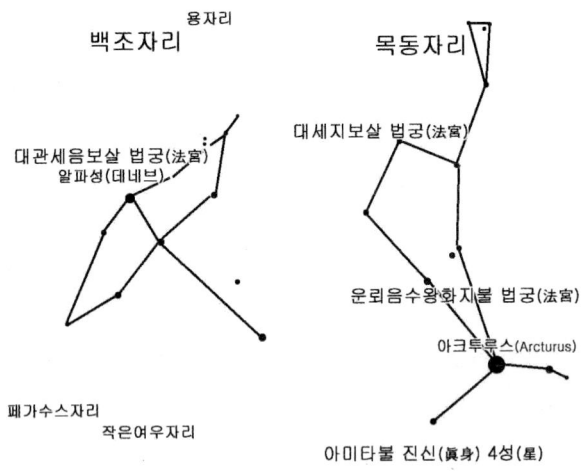

《수욱 보살》이《목동자리》성단(星團)을 만들었다면《우주간(宇宙間)》을 크게 소용돌이 치게 한《천일궁(天一宮)》에서《우주 쿠데타》도 일어나지 않았을 것인데, 애석하게도《수욱 보살》이《비로자나(毘盧遮那)》의 계략에 의해《대비관세음보살(大悲觀世音菩薩)》첫 분신(分身)에게 강제적으로 쫓겨난 탓에《선천우주(先天宇宙)》의 불행(不幸)이 찾아온 것이며,

이러한 사건(事件)이《대비관세음보살(大悲觀世音菩薩)》님 가슴에《한(恨)》의 멍울이 맺히게 되신 것이다.

《운뢰음수왕화지》대마왕(大魔王) 부처가 최고의《대마왕신(大魔王神)》《비로자나》의 명령 수행을 위해《위음왕여래(威陰王如來)》로부터 신발을 거꾸로 신고《미륵보살(彌勒菩薩)》의 아들(子)인《아미타불》을 남편으로 택하는 어처구니없는 짓을 한 것이며,

이 자(者)는 그의 목적이 완성되었을 때《대마왕신(大魔王神)》《비로자나》의 명령에 의해 그때까지 이용 가치가 다한《아미타불》마저 죽이는데 동참을 하

게 되는 것이다.

　이러한 이후에도 《대마왕불(大魔王佛)》 수괴인 《운뢰음수왕화지불(佛)》은 그의 과오를 덮기 위해 《수욱보살》을 파멸(破滅)의 구렁텅이로 몰아넣고 그것도 모자라 그의 분신(分身)들을 시켜 갖은 악행(惡行)을 서슴없이 한 것이다.

　지금까지 설명 드리면서 《호명(號名)》을 한 신(神)들 중 《석가모니 하나님 부처님》과 《대통지승불(大通智勝佛)》과 《용시보살(龍施菩薩 또는 勇施菩薩)》과 《대관세음보살》과 《수욱보살》을 제외한 모든 신(神)들 각각은 《음양(陰陽)》의 분신(分身)들 여섯을 두며, 이에 따른 《여신(女神)》들과 그들의 아들, 딸 등을 합하면 그 수(數)는 엄청난 수(數)가 되며

《대마왕불(大魔王佛)》 대부분은 《지(地)》의 우주(宇宙) 출신들이며, 《대마왕신(大魔王神)》들 대부분은 《비로자나》 계열이다.

이와 같이 최고의 《대마왕신(大魔王神)》《비로자나》와 그의 하수인으로서 최고의 《대마왕불(大魔王佛)》인 《운뢰음수왕화지불(佛)》과 이들의 수하 《대마왕신(神)》들과 《대마왕불(大魔王佛)》들과 이들의 추종(追從) 세력 모두들이 지금으로부터 《100억 년전(億年前)》《천일궁(天一宮)》에서

《석가모니 하나님 부처님》과 《대통지승불(大通智勝佛)》께서 《천일일(天一一)》 우주(宇宙)인 《오리온좌》 성단(星團)과 《인(人)》의 우주들을 만드시기 위해 우주 여행을 하시는 틈을 노려

《아미타불(阿彌陀佛)》을 시해하고 《아미타불(阿彌陀佛)》이 만든 《백조자리 성단》을 탈취하는 《우주 쿠데타》를 일으켜 종국에는 《천일우주(天一宇宙)》 9개 성단(星團)을 모두 차지하게 된다.

 이렇듯 일어난 《우주 쿠데타》가 120억 년(億年) 《선천우주(先天宇宙)》 중 지(地)의 우주들을 《악(惡)》을 근본 바탕으로 하는 우주(宇宙)로 만들어 진화(進化)

4) 천일궁(天一宮) 우주쿠데타의 실상(實相)　　155

하는 자유스러운 《인간 무리》들을 《통제(統制)》 속에 가두고 궁극에는 극심한 《공포(恐怖)》와 《고통(苦痛)》이 따르는 《지옥(地獄)》으로 내몰고 있은 것이다.

 《미륵불(彌勒佛)》이 현재 《한국(韓國)》 땅에 와서 인간 무리들에게

100억 년전(億年前)에 일어난 《우주 쿠데타》를 일으킨 자(者)들이 그들과 그들의 추종 세력들만 잘 먹고 잘 사는 《공산사상(共産思想)》인 《좌익사상(左翼思想)》의 원조들로서

지금 세상에도 그들의 사상(思想)이 판을 치고 있는 원인(原因)을 가르치는 중에 《우주 쿠데타》를 거론하다보니

이들이 인간 무리들의 진화(進化)를 가로막아 오늘날 인간 무리들이 시야(視野)가 좁아 어리석기 짝이 없는 지경에 있어

인간 무리들로 하여금 진리(眞理)를 알게 하기 위해 《우주 쿠데타》의 실상(實相)을 그대로 밝히는 차원에서 현재 이 글을 쓰고 있는 것이다.

오늘날 인간 무리들이 육신(肉身)의 죽음 이후에 대하여 너무나 모르고 있어 인간 무리들 모두가 극심한 《공포(恐怖)》와 《고통(苦痛)》이 따르는 곳으로 스스로 걸어 들어가는 것을 막고,

인간(人間)은 죽을래야 죽을 수 없는 당체로서 인간(人間) 육신(肉身)은 비유를 하면 스스로가 입고 있는 《옷》이 낡고 다 떨어지면 《새 옷》으로 갈아입는 이치와 같이

인간 육신(人間肉身) 내면(內面)에는 인간 육신(肉身)의 주인공(主人公)인 또 다른 나(我)가 따로 존재(存在)한다는 사실을 알리고 깨우치기 위해 《우주 쿠데타》 본질(本質)을 밝히고 있는 것이다.

인간 무리들은 100억 년전(億年前)에 일어난 《우주 쿠데타》가 오늘을 살고 있는 무리들에게 무슨 관계가 있느냐고 반문하는 어리석음을 깨닫게 하고 악(惡)의 근원(根源)을 알게 하기 위해 《진리(眞理)》를 가르치는 것이다.

이로써 지금 세상에는 《대마왕신(大魔王神)》들과 《대마왕불(大魔王佛)》 후손(後孫)들이 넘쳐 나게 많이 있다.

그러나 이들은 《선천우주(先天宇宙)》 마감이 실제 일어나는 향후 《23년(年)》 후에 닥치는 《중앙천궁상궁(中央天宮上宮)》 운행(運行)이 시작(始作)되는 《아리랑(阿理郎) 고개》 때에

스스로 극심한 《공포(恐怖)》와 《고통(苦痛)》이 따르는 《지옥(地獄)》으로 걸어 들어갈 것이냐 그렇지 않으면 《미륵불(彌勒佛)》이 가르치는 《진리(眞理)》를 따라 《이상사회》가 펼쳐지는 곳으로 갈 것이냐는 인간

무리들 스스로의 결정에 따라야 하므로

스스로 자기 발로 극심한 《공포(恐怖)》와 《고통(苦痛)》이 따르는 《지옥(地獄)》으로 걸어 들어가는 것을 막기 위해 100억 년전(億年前)에 일어난 《우주 쿠데타》의 실상(實相)을 알리고 있는 것이다.

분명히 오늘을 살고 있는 인간 무리들이 알아야 할 사항이 오늘날 판을 치고 있는 《마왕불교(魔王佛敎)》와 《마왕천주교》와 《마왕기독교》와 《마왕회교》 등이 모두 100억 년전(億年前)에 《우주 쿠데타》를 일으켰던 《대마왕신(大魔王神)》들과 《대마왕불(大魔王佛)》들과 이들을 추종(追從)하는 세력(勢力)들이 만들어

얼토당토 않는 《믿음》과 《복종(服從)》으로 인간 무리들을 사상(思想)으로 《통제(統制)》 속에 가두어 《우주정복(宇宙征服)》이라는 그들 《야망(野望)》 실현을 위해 오늘날도 적극적으로 인간 무리들을 파괴(破壞)시키고 있다는 사실을 알아야 하는 것이다.

그대들은 《진리(眞理)》를 가르치고자 하는 이 《미륵부처》를 몰라도 너무 모른다.

그대들 눈이 있다면 눈을 크게 뜨고 《밤하늘》별(星)들을 쳐다보아라!

저 별(星)들이 모두 법신(法身)을 가진 인간들이다.

이러한 전체 우주(宇宙)의 별(星)들의 무리 성단(星團) ⅔를 《석가모니 하나님 부처님》과 《대비관세음보살님》과 《용시보살》과 《대관세음보살》과 이 미륵부처가 만든 별(星)들의 성단이다.

이러한 이야기 자체가 곧 진리(眞理)이다.

이와 같이 《우주 쿠데타》가 일어난 이후도 《미륵부처》는 불과 몇 년 전까지만 해도 《쿠데타》세력(

勢力)인 최고의 《대마왕신(大魔王神)》《비로자나(毘盧遮那)》와 그의 하수인으로서 최고의 《대마왕불(大魔王佛)》인 《운뢰음수왕화지》와 이들의 수하 《대마왕신(大魔王神)》들과 《대마왕불(大魔王佛)》들과 수많은 이들의 추종 세력들로부터 심한 박해(迫害)와 고통(苦痛)을 당해 왔다.

그리고 이들의 영향이 오늘날까지도 인간 무리들에게 큰 영향력을 행사하고 있다.

이러한 와중에 현재 《미륵 부처》가 강의를 하고 있는 《브라만법화연수원》에 와서 공부를 하는 분들 중에 《용욱관음보살》이 계신다. 이 분이 어느 날 언니 되시는 분이 걱정이 되어 부탁의 말씀을 남기고 떠나신 후 조용한 시간에 그 언니의 내면(內面)을 보니 기막히는 장면이 펼쳐지는 것이다.

그의 내면(內面)이 무당 옷을 우스꽝스럽게 입은

《고양이》인데, 고양이 옆에 큰 구렁이 《이무기》가 있어 《무당 고양이》를 조종하고 있는 것이 보인다.

그래서 급히 《용시보살》을 불러 《항마의식》을 하니 《큰 구렁이》《이무기》는 죽임을 당하고

《용시보살》이 《무당 고양이》를 데리고 《해인수(海印水)》 폭포 밑에 데리고 가서 목욕을 시키니 《흰 고양이》가 되어 나타난 것을

다시 다른 《해인수(海印水)》에 목욕을 시키니 그제서야 흰 소복을 입은 《보살(菩薩)》로서 그 모습을 드러내는 것이다.

이때 《대비관세음보살(大悲觀世音菩薩)》께서 나타나시어 "그 아이가 내가 항상 마음에 두고 있는 딸이니라"라고 말씀을 하시고 사라지신다.

이때까지만 해도 《미륵부처(彌勒佛)》는 《천상(天上)》에서 《비로자나(毘盧遮那)》의 사주를 받아 《운뢰음수왕화지》대마왕불(大魔王佛)로부터 쫓겨난 착한 동생인 《수욱 보살》에 대한 기억은 세월이 너무 오래 되어 까마득히 옛 기억을 떠올리지 못하고 있었던 때이라 《용욱 관음보살》을 불러 《항마의식》의 결과에 대해 말해주고 사연이 어떻게 되어 이런 모습을 보였느냐고 물으니

그 언니는 《용욱 관음보살》집안의 대들보로서 일찍부터 남편과 이혼하고 사업을 벌여 생활하다가 무당들과 중놈들에게 속아 집안 재산을 몇 번 탕진하고 지금도 무당으로부터 벗어나지 못하고 사업은 지지부진하고 빚에 쪼달리는 궁핍한 생활을 한다고 소식을 알려 주기 때문에

《미륵부처》는 곧바로 《용욱관음보살》에게 언니가 《100일 참회기도》를 하는 것이 옳을 것이다고 가르쳐 주었다.

4) 천일궁(天一宮) 우주쿠데타의 실상(實相)

이후 《용욱관음보살》은 그의 언니에게 《100일 참회기도》를 권유하다보니 그의 언니도 흔쾌히 동의를 하고 《참회기도》에 돌입하였는데,

이때부터 《용욱관음보살》의 언니 내면(內面)의 《영혼(靈魂)》과 《영신(靈身)》이 스스로의 육신(肉身)도 모르게 이 《미륵부처》를 찾아와서 고맙다는 인사의 절을 하고 부처님의 당부대로 열심히 정진하겠노라고 고하고 떠난 후도 몇 차례 더 이 《미륵부처》를 찾아와서 여러 가지 이야기를 하고 돌아가곤 한 것이다.

그러다 어느 날 《법회》가 있는 날 《용욱관음보살》이 오셨기에 그 언니 육신(肉身)의 근황을 물으니 신기하게도 거부감 없이 경(經)도 잘 읽고 기도를 착실히 하는 것 같다고 알려준다.

한편, 이때부터 《미륵부처》의 육신(肉身) 속에는 《용욱관음보살》의 언니가 《100일 정진》에 들어간

때부터 《대마왕불(大魔王佛)》《운뢰음수왕화지》가 많은 《대마왕불(大魔王佛)》과 그의 분신(分身)들과 추종세력 모두들이 들어와서 시달림을 주게 되는데,

지금까지 수많은 마왕 무리들과 여신(女神)들이 들어와서 괴롭힘을 주던 때와는 달리 밤에 잠을 자지 못하게 하는 고통을 주는 것이다.

하여금 밤에 자지 못한 잠은 천상 낮에 수면을 보충하는 밤낮이 뒤바뀐 시달림을 받게 되는데,《용욱관음보살》언니가 100일 회향하는 날이 2018년 1월 17일이라고 통보가 와서 100일 회향은《미륵부처》께서 계신《석가모니 하나님 부처님》상호를 모신《브라만법화연수원》에 와서 회향을 하도록 한 것이다.

이러한 회향일을 사흘 앞두고 하나하나 의문의 실마리가 풀리기 시작하는데, 공교롭게도《용욱관음보살》언니가 회향하는 날이《운뢰음수왕화지불

4) 천일궁(天一宮) 우주쿠데타의 실상(實相)

(佛)》과 그의 수하 마왕들과 여신(女神)들이 죽임을 당하여 사라지는 날과 맞물려 있었던 것이다.

그래서 《석가모니 하나님 부처님》께서는 《용욱관음보살》언니가 회향하는 날까지 깊이 참회함으로써 파멸(破滅)을 면하게 하기 위해 《운뢰음수왕화지불(雲雷音宿王華智佛)》과 그를 따르는 무리들과 여신(女神)들에게 기회를 준 것이었으나,

《운뢰음수왕화지불(佛)》과 이를 따르는 《대마왕불(大魔王佛)》들과 추종 세력인 여신(女神) 대부분은 참회는커녕 더욱더 기승을 부려 《미륵부처》를 괴롭힌 것이다.

이러다 1월 12일부터 1월 14일까지 《전라도 지방》과 《충청도 지방》과 《제주도 지방》과 일부 《경기 지방》에 폭설이 내린다는 보도를 보고

《미륵부처》는 '아하! 《운뢰음수왕화지불(佛)》이

저지른 업보가 눈(雪)이 되어 내린 것이구나!'

유독 《전라도 지방》에 많은 눈이 내리게 된 동기가 《운뢰음수왕화지불(佛)》이 천상(天上)의 공산사상(共産思想)인 《좌익사상》 최고 수뇌부에 있었던 자이며

특히 《한국(韓國)》에는 《광주(光州)》에 있는 《무등산(無等山)》이 《운뢰음수왕화지불(佛)》이 《산주(山主)》로 있는 곳이기에 특히 《전라도 지방》에 눈(雪)이 많이 오게 되는 이치를 깨닫고 있던 중,

회향 이틀 전부터는 《제주도》를 비롯한 남해안 지방에 근 이틀에 걸쳐 비가 오는 이치를 꿰뚫어 본 《미륵 부처》는 《용욱 관음보살》과 그의 언니가 회향을 위해 《브라만법화연수원》에 도착하자마자 어리벙벙한 그의 언니에게 상세한 이야기는 회향 후에 하기로 하고 먼저 알려 드리는 사항으로 《용욱 관음보살》과 그 언니에게 이 비가 오는 이유를 아느냐고 물으니 《용욱 관음보살》은 단박에 눈치를 채는 것이다.

4) 천일궁(天一宮) 우주쿠데타의 실상(實相)

이때 《미륵부처》는 이 비가 누대에 걸쳐 《대비관세음보살(大悲觀世音菩薩)》 가슴에 《수욱보살》 때문에 생긴 《한(恨)》의 멍울이 녹아내리는 비라고 알려주니

《용욱 관음보살》과 그 언니의 내면에 앉아 있던 《수욱보살》은 일어나 합장하고 《미륵부처》에게 삼배절을 함으로써

《미륵부처》 역시 상천궁(上天宮)에서 잃어버렸던 착한 여동생을 찾은 감정이 북받쳐서 돌아서서 한동안 눈물을 흘린 것이다.

이로써 《상천궁(上天宮)》부터 《천일궁(天一宮)》에서 《우주 쿠데타》가 일어났을 때까지 모든 기억이 되살아나서 오늘에야 비로소 《우주 쿠데타》에 대한 배경과 실상(實相)에 대해 소상히 기록으로 남기게 된 것이다.

더더구나 《미륵부처》역시 《비로자나》와 그의 사주를 받은 《운뢰음수왕화지불(佛)》과 그의 추종 세력들에 의해 100억 년(億年) 진화(進化)를 하면서 갖은 핍박(逼迫)과 고통(苦痛)을 당하며 진화(進化)하였으나,

착한 여동생은 이들 일당들에 의해 내면의 《영혼(靈魂)》과 《영신(靈身)》이 파괴(破壞)되어 《영신(靈身)》은 《고양이》 영신(靈身)을 가지고 진화하여 온 것을 생각하니 기가 막히는 것이다.

 그러다가 이번 생(生)에 이를 불쌍하게 여기신 《석가모니 하나님 부처님》께서는 《대통지승부처님》의 분신(分身) 중 한 분을 《용욱 관음보살》과 《수욱 보살》의 아버지로 보내 이들을 낳고 《수욱 보살》이 현생에 사업을 망쳐 애를 먹을 때라도 끝까지 그를 믿고 격려하여 준 아버지의 연세가 81세이다.

이와 같이 《수욱 보살》이 인간 육신(肉身)을 가지

고 태어나자 비로자나의 사주를 받고 있는《운뢰음수왕화지불(佛)》은 그의 분신(分身) 중《구렁이》《이무기》가 된 자를《무당》으로 만들고 또 다른 추종자를《중놈》으로 만들어

《수욱 보살》이 사업을 모두 망쳐 먹고 스스로 생(生)을 마감하도록 그들의 신통(神通)을 가지고《수욱 보살》을 교묘히 속여 파멸(破滅)의 길로 인도한 것이다.

《수욱 보살》이 일찍《이혼》을 한 것도《천상(天上)》에서부터 남편 복이 없는 분이었기 때문에 일어난 일이다.

이와 같이《비로자나》의 일급 하수인인《운뢰음수왕화지불(佛)》은 기라성 같은《지(地)》의 우주 불보살(佛菩薩)들을 파멸(破滅)의 길로 이끌고《수욱 보살》에게는 끝까지 추적하여 파멸(破滅)시키고자 한 악마(惡魔)와 같은 존재인 것이다.

이렇듯 100일 회향 기도를 마친《수욱 보살》육신에게 대충《천상(天上)》에서 일어났던 일을 일러주고《용욱관음보살》에게《브라만법화연수원》이 생긴 이래 최초로《녹음》을 허락하여《미륵부처》의 말을 녹음하여《수욱 보살》의 육신(肉身)이 차츰차츰 눈을 떠서 모든 일을 알 때쯤 녹음 내용을 들려주라고 당부를 한 것이다.

 이로써《수욱 보살》의 회향기도가 끝이 나자마자 거짓말같이 비가 멈추자《미륵부처》는 선언을 한 것이다.

 회향기도가 끝이 남과 동시에《운뢰음수왕화지》와 그를 따르던《대마왕불(大魔王佛)》들과 여신(女神)들과 그를 추종하는 세력 모두는 우주간(宇宙間)과 세간(世間)에서 영원히 사라져 갈 것이라고 이들에게 일러주고

빛의 고을이라고 자랑을 하던《광주(光州)》도 평범

한 고을로 돌아간 것이며

이 나라에 지금 만연하고 있는《좌익사상》도 그 원동력을 잃어버림으로써 앞으로는 쇠퇴하여 갈 것을 때에《미륵부처》가 선언하는 것이다.

이와 같이 최고의《대마왕신(大魔王神)》《비로자나(毘盧遮那)》의 사주를 받는《운뢰음수왕화지불(雲雷音宿王華智佛)》과 수하《대마왕불(大魔王佛)》과 여신(女神)들과 추종 세력 모두들을 처리한 사건은《우주 쿠데타》의 전모를 밝히는 목적도 있지마는

이들 모두들의 처리가《우주간(宇宙間)》과《세간》에 하나의 큰 획을 긋는 사건이기 때문에 기록으로 남겨 두는 것이다.

《미륵부처》는《용욱관음보살》에게 그대가《대비관세음보살님》의《한(恨)》의《멍울》을 깨끗이 없게 하여 드렸다고 칭찬을 한 것이다.

이와 같이 100억 년전(億年前)에 일어났던《우주
쿠데타》의 영향이 지금을 살고 있는 인간 무리들에
게 중단 없이 영향력을 행사하고 있다는 사실을
《인간 무리》들은 깨달아야 할 것이다.

[4]
| 十鉅一積　無匱化三 |
| 십거일적　무궤화삼 |
| (8) |

※ 전체 글자 수(數) 《8》의 수리(數理)는 《8의 우주(宇宙) 핵(核)》을 말하는 것이다.

『직역(直譯)』

『열(十)을 크게 하여 하나(一)를 쌓고
빈 궤가 세 번 변화하여
8의 우주(宇宙) 핵(核)을 탄생시킴으로써』

『의역(意譯)』

※ 《십거(十鉅)》는 열(十)을 하나(一)까지 크게 펼치는 것을 말하며, 《일적(一積)》은 하나를 쌓아 아홉을 이루는 것을 말하고, 《무궤화삼(無匱化三)》은 우주의 근본 바탕이 세 번 팽창(膨脹)하는 것을 말한다.

이러한 뜻을 감안한 《의역(意譯)》은 다음과 같다.

『열(十)을 하나(一)까지 크게 펼치고
하나(一)를 쌓아 아홉(九)을 이루므로
우주(宇宙)의 근본 바탕이
세 번 팽창하여
8의 우주(宇宙) 핵(核)을
탄생시킴으로써』

라고 의역(意譯)이 된다.

『해설(解說)』

1) 〔십거일적(十鉅一積)〕

(1) 십거(十鉅)

 《십거(十鉅)》는 열(10)을 하나(1)까지 크게 펼치는 것으로써 자연수(自然數)를 10에서 1까지 펼쳐서 합(合)하면

$$10+9+8+7+6+5+4+3+2+1=55$$

55의 수리(數理)가 나온다.

 이러한 55 수리(數理)의 뜻은 태양성(太陽星)이 활발한 활동을 하는 양(陽)의 수명(壽命)이 50억 년(億年)이며, 이후《태양성(太陽星)》핵(核)의 붕괴로《흑

점활동》을 일으키어 《지(地)》의 우주(宇宙) 경우 《여섯 가지 진공(眞空)》을 《암흑물질》층으로 분출하는 기간이 《5억 년(億年)》으로써 이들의 합(合)이 《55억 년(億年)》》이다.

《태양성(太陽星)》은 양(陽)의 수명 기간 《50억 년(億年)》 동안 활발한 활동을 하여 《뉴트리노(Neutrino, 중성미자)》 등을 만들어 많은 물질(物質)의 씨앗들을 생산한다.

그러한 연후 《핵(核)》의 붕괴를 일으켜 《흑점활동》으로 많은 《항성풍》으로 알려진 《여섯 가지 진공(眞空)》을 태양성(太陽星) 바깥의 《암흑물질》층으로 쏟아낸다.

이로써 《55억 년(億年)》 동안 《태양성(太陽星)》이 펼치는 활동을 《십거(十鉅)》 즉, 열(10)을 하나(1)까지 크게 펼친다는 뜻으로 이 기간을 《십거(十鉅)》의 기간이라고 하는 것이다.

 이러한 《십거(十鉅)》의 기간에서 《십거(十鉅)》라는 용어가 나온 것이다.

(2) [일적(一積)]

 자연수(自然數) 1을 하나하나 쌓아 아홉까지 가면 1+2+3+4+5+6+7+8+9=45 수리(數理)가 나온다.

 이러한 45수리(數理)의 뜻은 태양성(太陽星)이 핵(核)의 붕괴로 《항성풍(stellar wind)》으로 알려진 《여섯 가지 진공(眞空)》을 태양성(太陽星) 바깥 5억 년(億年) 거리 《암흑물질층》으로 분출하여 《거대한 공(空)》을 이룬 이후

《거대한 공(空)》이 《천궁(天宮)》진화(進化)의 첫 걸음인 《커블랙홀(Rotating black hole)》작용을 시작하여 《태양수(太陽數) ⊕9의 핵(核)》 → 《화이트홀》 → 《퀘이샤》 → 《황금알대일(黃金卵大一)》의 진화기간(進化期間)을 겪는 45억 년(億年)을 의미하며

이로써 《황금알대일》의 대폭발(大爆發)로 《태양수(太陽數) 9》를 가진 《태양성(太陽星)》을 탄생시킨다.

이러한 뜻을 『하나를 쌓아 아홉을 이루므로』라고 이야기하는 것이다.

이러한 전체적인 의미를 《일적(一積)》이라고 하는 것이다.

※ 〔십거일적(十鉅一積)〕은 《알파와 오메가(Alpha and Omega)》로 알려진 창조주(創造主)의 수(數)인 19수(數)를 의미하는 용어로써

이의 연원(淵源)은 《개천이전(開天以前)》《정명궁(正明宮)》의 진화기간(進化期間) 100억 년(億年)과 《진명궁(眞明宮)》의 《개천이전(開天以前)》 80억 년(億年)과 《개천이후(開天以後)》 10억 년(億年) 합(合) 90억 년(億年) 진화기간을 합한 《190억 년(億年)》을 《억 년(億年)》 단위는 없애고 《19수리(數理)》로써 《창조주(創造主)의 수(數)》로 이름한 것이 그 뿌리이며

뜻은 《십거(十鉅)》와 《일적(一積)》의 분리 설명에서와 같이 《태양성(太陽星)》이 물질(物質)의 씨앗들과 핵(核)의 붕괴로 《여섯 가지 진공(眞空)》을 분출함으로써 《천궁(天宮)》이 만들어져

《천궁(天宮)》 진화(進化)의 결과 새로운 《태양수(太陽數) 9》를 가진 《태양성(太陽星)》이 탄생되는 것을 깨우치기 위해 나온 용어가 《십거일적(十鉅一積)》이다.

이와 같은 《십거일적(十鉅一積)》을 최고의 《대마왕신(大魔王神)》《비로자나》의 사주를 받은 《다보불(多寶佛)》인 그리스 신화에서 《포세이돈(Poseidon)》으로

널리 알려진 《백룡(白龍)》이 《문수보살(文殊菩薩)》의 양신(陽身)이며 음신(陰身)이 《대마왕보살(大魔王菩薩)》인 《문수보살(文殊菩薩)》로서

이러한 《문수보살(文殊菩薩)》이 지상(地上)의 BC 2333년 《단군조선(檀君朝鮮)》의 초대 《단군왕검(檀君王儉)》으로 이름하고 와서

때에 《자허선인(紫虛仙人)》으로 이름하고 왔던 《대마왕불(大魔王佛)》인 《연등불(燃燈佛)》과 공모하여 《십거일적(十鉅一積)》을 《일적십거(一積十鉅)》로 왜곡하여 《천부경(天符經)》을 후세(後世)에 전(傳)한 것을 최근 《미륵불(彌勒佛)》이 이를 바로 하여 본래의 《천부경(天符經)》으로 되돌려 놓은 것이니 후세인(後世人)들은 깊이 아시기 바란다.

(3) [무궤화삼(無匱化三)]

별(星)들이 자리한 《공간(空間)》을 우주(宇宙)의 근본 바탕이라고 한다.

이러한 우주(宇宙)의 근본 바탕인 《공간(空間)》이 크게 세 번 팽창하는 것을 《무궤화삼(無匱化三)》이라 한다.

이러한 《무궤화삼(無匱化三)》이 일어나는 이유가 단위 《공간(空間)》에는 여러분들의 눈에 뜨이지 않으나 초기에는 《암흑물질》로 가득 차 있다가 별(星)들이 생산되면서 점차 《암흑물질》은 줄어들어 종국에는 만들어진 별(星)들로 가득 차고 《암흑물질》은 소진된 관계로 다음 별(星)들을 생산하고자 하면 《암흑물질》이 있는 《공간(空間)》을 넓혀야 하는 것이다.

이러한 때를 고대 《이집트》 《사자(死者)의 서(書)》에서는 다음과 같이 비유를 하고 있는 것이다.

> "슈 신(神)은 누트 신(神)과 몸이 붙어 있던 게브(Geb)를 분리하기 위해 그들을 손으로 들어 올렸는데 이때 하늘(天)과 땅이 분리되면서 둥근 공간(空間)이 생기게 되었다."
>
> "게브(Geb)는 그의 부인인 누트와 슈 신(神)에 의해 분리되면서 그들을 손으로 들어 올리게 되었는데 그는 그 비탄으로 밤낮없이 거위처럼 울게 됨으로 위대한 수다쟁이(Great Cackler)라는 별명이 붙기도 했다."
>
> 「사자(死者)의 서(書)」 중에서

상기 비유의 이해를 위해시는 약간의 설명이 필요하다.

개천이전(開天以前) 《정명궁(正明宮)》의 진화(進化) 때에 《음(陰)의 36궁(宮)》이 만들어져 《음(陰)의 36궁(

宮)》에서 《암흑물질》과 《여섯 뿌리 진공(眞空)》과 《여섯 가지 진공(眞空)》이 결합하여 많은 영(靈)들과 물질(物質)들이 탄생한 바탕에

《음(陰)의 36궁(宮)》에서 《중성자알대일(中性子卵大一)》의 폭발로 《개천(開天)》이 되어 《현존우주(現存宇宙)》의 뿌리 우주(宇宙)가 되는 《상천궁(上天宮)》 10성(星)이 태어났음을 말씀 드렸다.

이와 같이 《음(陰)의 36궁(宮)》에서 태어난 《상천궁(上天宮)》을 첫 번째 팽창으로 《무궤화일(無匱化一)》이라고 한다.

이러한 첫 번째 팽창이 있고 난 후 초기 우주 특성상 《상천궁(上天宮)》 10성(星)이 일찍부터 핵(核)의 붕괴로 분출을 시작하면서 《상천궁(上天宮)》 1-1의 수성(水星)이 분출을 마치고 시야(視野)에서 사라져 《상천궁(上天宮)》이 9성(星)으로 되었을 때

때마침 《개천이전(開天以前)》부터 진화하던 《진명궁(眞明宮)》이 《개천(開天)》 이후 10억 년(億年) 만에 《황금알대일(黃金卵大一)》 대폭발로 《태양성(太陽星)》이 된 《북극성(北極星)》을 탄생시켜 《상천궁(上天宮)》 열 번째 자리에 합류를 하게 된다.

이때 현재의 《북극성(北極星)》과 직접 몸을 나눈 《북두칠성(北斗七星)》 《알파 성(星)》인 《노사나불(佛)》 법궁(法宮)이 나머지 《북두칠성(北斗七星)》을 만들어 가게 되는데,

이와 동시에 《석가모니 하나님 부처님》의 육신성(肉身星)인 《작은곰자리》 《베타성(星)》도 《천일궁(天一宮)》의 나머지 별(星)들을 만들어갈 때 두 번째 《공간(空間)》 팽창인 《무궤화이(無匱化二)》가 진행이 된다.

이때 현재의 《북극성(北極星)》과 만들어져 가는 《북두칠성(北斗七星)》은 지금처럼 떨어져 있었던 것이

아니고 가까운 거리에 있었던 것이《공간(空間)》팽창에 의해 지금과 같이 떨어져 있게 된 것이다.

이를 두고「사자(死者)의 서(書)」에서는 『하늘과 땅이 떨어져 나가 둥근 공간이 생기게 되었다.』라고 비유를 하고 있는 것이다.

이 비유에서《하늘(天)》은《상천궁(上天宮)》이 되며《땅(地)》은《북두칠성(北斗七星)》이 되며 이로써 둘이 분리되면서 둥근 공간(空間)이 생기게 되었다라고《공간(空間)》의 팽창을 비유하고 있는 것이다.

「사자(死者)의 서(書)」에 등장하는 『슈 신(神)』을「이집트 신화」에서는《계단을 올라가다》,《높이다》,《들어올리다》라는 의미를 가진 신(神)으로 『소용돌이 치며 회전(回轉)하는 것을 형상화한 신(神)』이며,

『게브 신(神)』은 《노사나불(盧舍那佛)》의 작용신(神)으로서 현재의 《북극성(北極星)》이 태어날 때 몸을 나눈 《북두칠성》《알파 성(星)》을 비유한 것이며, 『누트 신(神)』은 《천일우주(天一宇宙)》 바탕 신(神)을 의미한다.

즉,『소용돌이치며 회전(回轉)하는 신(神)』은 천일우주(天一宇宙) 바탕 신(神)과 몸이 붙어 있던 《북두칠성(北斗七星)》《알파 성(星)》을 분리하기 위해 그들을 손으로 들어 올렸는데, 이때 《상천궁(上天宮)》과 만들어져 가는 《북두칠성》이 분리되면서 둥근 공간(空間)이 생기게 되었다』라고 비유하는 둥근 공간(空間)이 팽창으로 인하여 생기게 되는 《천일우주(天一宇宙)》 바탕 《공간(空間)》을 말하는 것이다.

다음으로 「《북두칠성(北斗七星)》《알파 성(星)》은 그의 부인인 《천일우주(天一宇宙)》 바탕인 공간(空間)에서 소용돌이치며 회전(回轉)하는 힘에 의해 이동을 하게 되었는데」는 그 비탄으로 밤낮없이 거위처럼 울게 됨으로 《위대한 수다쟁이(Great Cackler)》라는 별명이 붙기도 했다라고 「사자(死者)의 서(書)」에서 비유하고 있는 것이다.

이 대목에서 중요한 내용이 《거위처럼》 꽥꽥 울게 됨으로 「위대한 수다쟁이(Great Cackler)」이라는 별명을 얻었다는 대목으로써

이는 《공간(空間)》이 팽창될 때 찢어질 듯이 큰 굉음과 찍찍 찢어지는 소리가 한동안 계속된다는 사실을 《위대한 수다쟁이(Great Cackler)》로 비유를 했다는 것을 깊이 인식하시기 바란다.

이렇듯 《팽창하기 이전》의 《공간(空間)》은 만들어진 별(星)들로 인해 《공간(空間)》은 《푸른 색》을 띠게 되나 팽창된 공간(空間)은 《검거나》《회색》공간(空間)이 되어 있는 것이 특징적으로 나타난다.

이와 같이 《우주(宇宙)》의 근본 바탕인 《공간(空間)》이 크게 세 번 팽창하는 것을 《무궤화일(無匱化一)》, 《무궤화이(無匱化二)》, 《무궤화삼(無匱化三)》이라고 한다.

① [무궤화일(無匱化一)]

십거일적도(十鉅一積圖)의 무궤화일도와 〈6×6 도(圖)〉

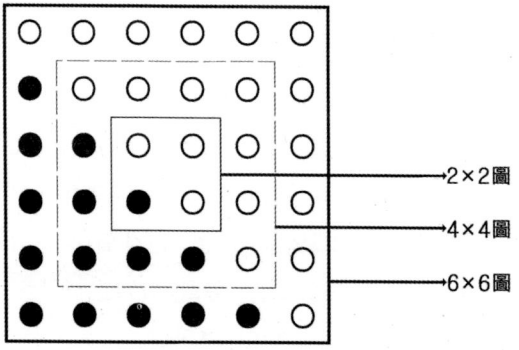

※《십거일적도(十鉅一積圖)》중심에는 항상《여섯 뿌리》우주 6공후(箜篌)가 포함되어 있다.

《6×6》도형의 36공후가《무궤화일(無匱化一)》의 수(數)가 되나 여기에《여섯 뿌리》우주 6공후(箜篌)가 합하여진 42공후가《무궤화일(無匱化一)》의 값으로써

42공후 수리(數理)의 뜻은 『《상천궁(上天宮)》《여섯 뿌리》우주와 음(陰)의 36궁(宮)의 완성』이라는 뜻을 가지고 있다.

개천이전(開天以前)에 만들어졌던《음(陰)의 36궁(宮)》에서 많은《영(靈)》들과《물질(物質)》들이 탄생되어《개천(開天)》이 되면서 이들에 의해《상천궁(上天宮)》《여섯 뿌리》의 우주가 탄생되어《음(陰)의 36궁(宮)》이 완성되었다는 뜻을 가지고 있는 것이《무궤화일(無匱化一)》도(圖)인 것이다.

② [무궤화이(無匱化二)]

십거일적도(十鉅一積圖)의 무궤화이

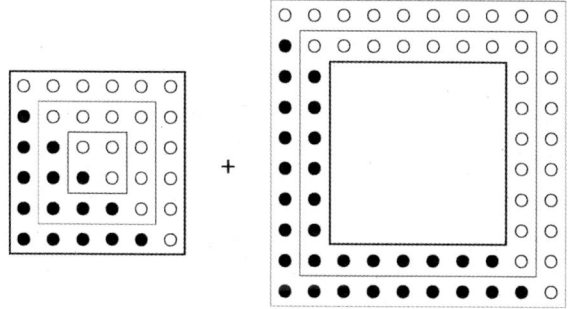

상기 도형을 정리하면 다음과 같은 도형이 된다.

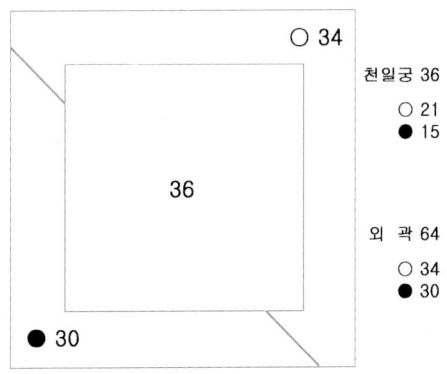

《무궤화이(無匱化二)》는 《십거일적도(十鉅一積圖)》의 《6×6도(圖)》 + 《8×8도(圖)》 + 《10×10도(圖)》가 된다.

이와 같은 내용을 도형으로 나타낸 것이 상기 도형이다. 이러한 《무궤화이(無匱化二)》부터는 아래 설명 내용을 충분히 이해를 하셔야 하는 관계로 다음 설명 내용 끝에 상세한 설명을 드리겠다.

《십거일적도(十鉅一積圖)》는 《음(陰)》의 《십거일적도(十鉅一積圖)》와 《양(陽)》의 《십거일적도(十鉅一積圖)》가 있다.

이러한 《십거일적도(十鉅一積圖)》 중 《음(陰)》의 《십거일적도(十鉅一積圖)》는 《개천이전(開天以前)》 《정명궁(正明宮)》은 100억 년(億年), 《진명궁(眞明宮)》은 《개천이전(開天以前)》 80억 년(億年)과 《개천이후(開天以後)》 10억 년(億年) 합(合) 90억 년(億年) 동안 많은 《영(靈)》과 《물질(物質)》을 만드는 《천궁(天宮)》의 진화기간(進化期間) 동안을 나타낸 것으로써,

이때의 《십거(十鉅)》는 《정명궁(正明宮)》 천궁(天宮)의 펼침을 의미하며 《일적(一積)》은 《정명궁(正明宮)》 천궁(天宮)의 펼침을 바탕으로 하여 《진명궁(眞明宮)》 천궁(天宮)이 하나하나 쌓아가며 진화(進化)하는 것을 나타낸 것이다.

이와 같이 《대공(大空)》 내(內)에서는 항상 《음(

陰)》의 《십거일적(十鉅一積)》도(圖)와 《양(陽)의 십거일적(十鉅一積)》도(圖)가 공존하는 것이다.

다음으로 《양(陽)》의 《십거일적도(十鉅一積圖)》는 《개천이후(開天以後)》 많은 별(星)들이 탄생한 이후 별(星)들의 근본 바탕인 우주(宇宙)의 바탕인 《공간(空間)》의 팽창(膨脹)을 가능할 수 있도록 하는 목적으로 만든 것으로써

《태양수(太陽數) 9》를 가진 《태양성(太陽星)》으로부터 분출되는 많은 물질을 만드는 《씨앗》들과 《태양성(太陽星)》 핵(核)의 붕괴로 인하여 만들어지는 《천궁(天宮)》과 《천궁(天宮)》 진화(進化)의 끝에 사방(四方)으로 펼쳐지는 《별(星) 자리》 성단들이 바탕을 하는 우주(宇宙) 공간(空間)의 팽창을 가능할 수 있도록 한 것이 《양(陽)》의 《십거일적도(十鉅一積圖)》인 것이다.

이러한 《양(陽)》의 《십거일적도(十鉅一積圖)》에서 《무궤화일(無匱化一)》은 《개천이전(開天以前)》에 만들

어졌던 《음(陰)》의 《36궁(宮)》에서 만들어진 수많은 《영(靈)》들과 《물질(物質)》들이

개천(開天)이 되면서 《현존우주(現存宇宙)》의 뿌리가 되는 《상천궁(上天宮)》《여섯 뿌리의 우주》를 탄생시키게 함으로써 《음(陰)》의 《36궁(宮)》이 완성을 이루는 것이다.

완성(完成)을 이룬다 함은 《음(陰)》의 《36궁(宮)》에 가득 찬 《암흑물질》들이 《여섯 뿌리 진공(眞空)》이나 《여섯 가지 진공(眞空)》과 결합하여 많은 《영(靈)》들과 물질(物質)들을 탄생시켜 개천(開天)이 되면서 《상천궁(上天宮)》《여섯 뿌리 우주》를 탄생시킴으로써 《어두움》으로 가득 찼던 《36궁(宮)》이 《푸른색》 공간(空間)으로 변화한 것을 《음(陰)의 36궁(宮)》의 완성(完成)이라 하는 것이다.

《석가모니 하나님 부처님》좌상에 보면 머리 위에 둥근 상투가 만들어져 있다. 이러한 둥근 상투

가 《음(陰)의 36궁(宮)》 상징으로써 《음(陰)의 36궁(宮)》은 별도의 《공(空)》으로써 《무궤화일(無匱化一)》로 자리한 것이다.

그러나 《무궤화이(無匱化二)》는 《석가모니 하나님 부처님》 좌상의 얼굴 부분과 목덜미까지 거대한 《공(空)》이 팽창되어 만들어지는 까닭으로 계산 방법이 약간 까다롭다.

이러한 까다로운 설명을 충분히 숙지하셔야 《십거일적도(十鉅一積圖)》를 충분히 이해하게 되는 것이다.

《십거일적(十鉅一積)》도(圖)는 《360》의 《원(圓)》으로 된 대성단(大星團)을 《100방(方)》으로 펼쳐진 도형으로 전환시킨 것으로써

즉, 《원(圓)》을 《방(方)》으로 전환시킨 것이 《십거일

적도(十鉅一積圖)》라는 뜻이다.

　이러한 《100》 방(方)의 십거일적도(十鉅一積圖) 안에 자리한 《100개》의 공(空)에 있어서 하나하나의 개체의 《공(空)》의 단위를 《공후(箜篌)》라고 하는 것이다.

　이러한 《공후(箜篌)》라는 단위가 붙여진 배경은 고대 악기 중 《공후(箜篌)》라는 악기가 있다. 이러한 악기는 연주하는 《인간(人間)》과 이로써 발생하는 악기의 《소리》, 즉 《공후》, 《인간(人間)》, 《소리》 셋이 하나된 《공(空)》을 《공후(箜篌)》라고 하는 단위를 쓰는 것이다.

　이와 같이 《360》의 《원(圓)》으로 된 대성단(大星團)을 《100방(方)》으로 전환시키는 방법은 《백방(百方)》을 상징한 《십거일적도(十鉅一積圖)》의 《사각 테두리》가 《36공후》를 가지며 《사각 테두리》 내(內)

에 음양(陰陽)으로 갈라진 곳에 《음(陰)》의 영역에 《바탕수》가 《12공후》가 자리하고 《양(陽)》의 영역에 《바탕수(數)》《12공후》가 자리하게 함으로써

《십거일적도(十鉅一積圖)》의 《사각 테두리》와 《사각 테두리》 안의 바탕이 《24공후》를 가짐으로써 《60공후》가 되며,

《사각 도형》을 만든 가운데 남은 《원(圓)》의 《300공후》가 《사각 테두리》 안에 100방(方)으로 자리하게 되면 《사각 테두리》 안의 100개의 《공후》는 각각 《±3》공후씩을 갖게 되는 것이다.

이러한 《±3》공후들이 하나가 되어 《100》을 이룬 것이 《십거일적(十鉅一積)》도(圖) 내부에 자리한 것이다.

여기에 《십거일적도(十鉅一積圖)》《사각 테두리》와 《사각 테두리 내》에 자리한 《60공후》는 변화 없

는 자리를 지키며

《사각 테두리내》의 100의 공후들을 계산할 때는 반드시 개체의 《공후(筌葆)》에게 (±3)이 곱하여져야 하고

이 결과로써 나온 수(數)에 반드시 《음양수(陰陽數)》《2》를 나누어(÷) 주는 것이 《십거일적도(十鉅一積圖)》《공후수》계산 때에는 《공식》으로 자리하는 것이다.

이로써 《무궤화이(無匱化二)》도형을 정리하면,

[내용 정리]

〈6×6도(圖)〉	: 36궁(宮)×(±3)÷2	= 54공후
〈8×8도(圖)〉 + 〈10×10도(圖)〉	: 64×(±3)÷2	= 96공후
총계		: 150공후

이와 같이 나타난 150공후(箜篌)는 6과 144의 수리(數理)를 가짐으로써 《여섯 뿌리와 무궤화이(無匱化二)》라는 뜻을 가진다.

 이와 같이 무궤화이(無匱化二)의 수리(數理)는 144공후(箜篌)라는 점을 깊이 인식하시기 바란다.

※ 《무궤화이(無匱化二)》의 〈6×6도(圖)〉의 《36궁(宮)》을 《양(陽)의 36궁(宮)》이라고 하며 《작은곰자리》별자리에 있는 《천일궁(天一宮)》을 말하며 《천일궁(天一宮)》 중심에는 《상천궁(上天宮)》《여섯 뿌리》의 우주 《6공후(箜篌)》가 자리하는 것이다.

 《무궤화이(無匱化二)》의 전체 뜻은 《상천궁(上天宮)》《여섯 뿌리》의 우주를 뿌리로 한 《천일궁(天一宮)》이 중심이 되어 《144공후》로 이름된 《36궁(宮)》 넷(4)이 만들어졌다라는 의미로써 이때 만들어진 《36궁(宮)》 넷(4)이 《천일궁(天一宮)》《양(陽)의 36궁(宮)》과 《백조자리》 별자리 성단(星團)이 있는 《36궁(宮)》과 《목동자리》 별자리 성단(星團)이 있는 《36궁(宮)》과 《천일일(天一一) 우주》로 불리우는 《오리온좌》 별자리 성단(星團)이 있는 《36궁(宮)》 등 넷(4)이 만들어지는 팽창(膨脹)을 이루었다는 뜻이다.

즉, 이러한 뜻을 다시 정리하면,

『상천궁(上天宮) 《여섯 뿌리》 우주를 뿌리로 하여 《천일궁(天一宮)》 36궁(宮)과 《백조자리》 36궁(宮)과 《목동자리》 36궁(宮)과 《오리온좌》 36궁(宮) 등으로 팽창하였다』

라는 뜻을 《무궤화이(無匱化二)》가 말하고 있는 것이다.

③ 〔무궤화삼(無匱化三)〕

십거일적도(十鉅一積圖)의 무궤화삼도

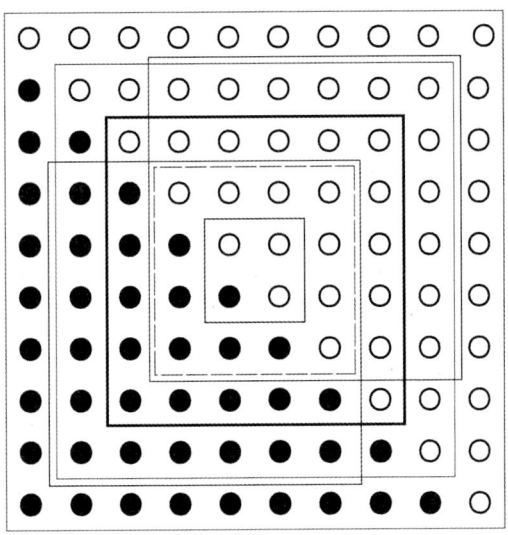

㉮ 천궁(天宮)의 세 번 변화

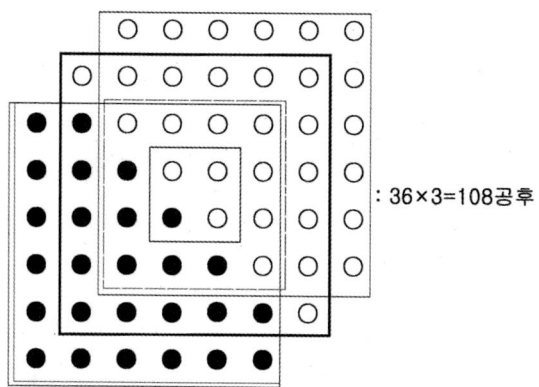

㉯ 천궁(天宮) 외곽의 움직임 없이 자리하는 공후수

무궤화삼 때
천궁 외곽의 움직임없이 자리하는 공후수

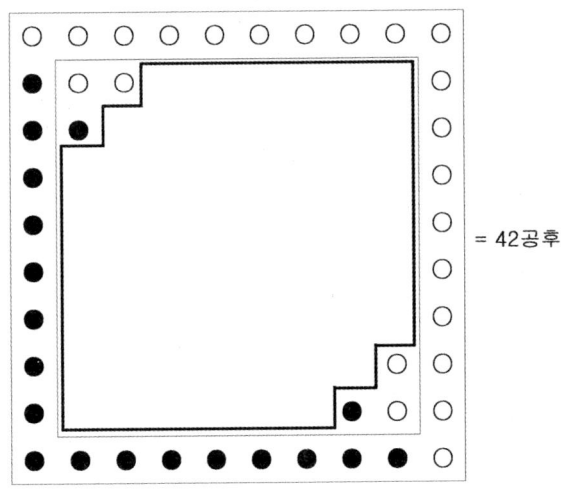

= 42공후

[실제적인 공후수 계산]

    108+42=150공후

    150×(±3)÷2=225공후

※ 225공후는 수리적(數理的)으로 9와 216의 수리

(數理)를 가짐으로써 수리적(數理的)인 뜻말은 『태양수(太陽數) 9의 작용으로 인한 무궤화삼(無匱化三)의 완성』이라는 뜻이다.

즉, 무궤화삼(無匱化三)의 수는 216공후임을 깊이 인식하시기 바라며

《무궤화삼(無匱化三)》9와 216의 수리(數理)는《태양수(太陽數) 9》의《태양성(太陽星)》을 가진《36궁(宮)》《여섯(6)》을 뜻함으로써《36궁(宮)》여섯을 밝혀드리면 다음과 같다.

《인일일(人一一) 우주》 : 36궁(宮)
《인일이(人一二) 우주》 : 36궁(宮)
《지일이(地一二) 우주》 : 36궁(宮)
《천이삼(天二三) 우주》 : 36궁(宮)
《인이삼(人二三) 우주》 : 36궁(宮)
《지이삼(地二三) 우주》 : 36궁(宮)

합(合) : 216

이와 같은 별(星)자리 성단(星團) 《여섯》의 《36궁(宮)》이 모두 《태양수(太陽數) 9》를 가진 《태양성(太陽星)》을 가지고 있다는 뜻을 밝히고 있는 것이 《무궤화삼(無匱化三)》의 뜻이 되는 것이다.

《무궤화이(無匱化二)》의 《여섯 뿌리와 144공후》와 《무궤화삼(無匱化三)》의 《태양수(太陽數) 9와 216공후》는 《태음수(太陰數) 6》과 《태양수(太陽數) 9》의 작용에 의해 《360》의 대별자리 성단(星團)을 이루었다는 뜻을 가짐과 동시에 《방(方) □》이 다시 《원(圓)》으로 돌아간 것이다.

《무궤화이(無匱化二)》에서 《36궁(宮)》 넷(4)을 만들고 《무궤화삼(無匱化三)》에서 《36궁(宮)》 여섯(6)을 만들은 것은 우주간(宇宙間)의 법칙 중 하나인 《4.6》의 법칙을 충실히 따른 것이다.

⑷ 〔십거일적도(十鉅一積圖)〕

※ 《360》의 원(圓)을 《100》 방(方)으로 전환시킨 것을 《십거일적도(十鉅一積圖)》라 하며 《삼일신고(三一神誥)》에서는 《십거이양작(十鉅以陽作)》,《일적이음립

십거일적도(十鉅一積圖)

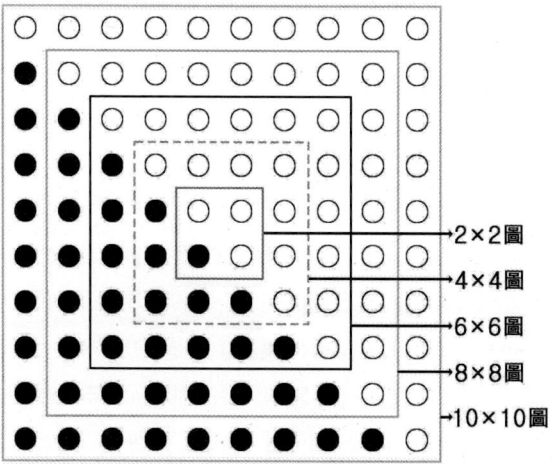

[4] 十鉅一積 無匱化三

(一積以陰立)》이라고 하는 것이다.

 즉,『열을 펼치어 양(陽)을 만들고』『하나를 쌓아 《음(陰)》을 세운다.』는 뜻이다.

 《십거일적도(十鉅一積圖)》는 《양(陽)》의 ○이 55이며 《음(陰)》의 ●이 45로써 《십거(十鉅)》와 《일적(一積)》을 나타냄으로써

 《양(陽)》의 《태양수(太陽數) 9》를 가진 《태양성(太陽星)》이 《55억 년(億年)》만에 《핵(核)》붕괴로 《여섯 뿌리 진공(眞空)》이나 《여섯 가지 진공(眞空)》을 《암흑물질》층으로 분출함으로써

 《암흑물질》층에서 새로운 《천궁(天宮)》을 만들어 《45억 년(億年)》간 진화(進化)의 끝에 새로운 《태양수(太陽數) 9》의 《태양성(太陽星)》탄생으로부터 만들어지는 수많은 《별(星)》들이 자리하는 우주(宇宙)의 근본 바탕인 《공간(空間)》의 팽창 방법과 진화(進化)하

는 《천궁(天宮)》이 거느리는 《성단(星團)》의 크기를 가늠하는 잣대로 활용한 것이 《십거일적도(十鉅一積圖)》이다.

 더 상세한 내용은 필자가 펴낸 『(改訂版) 妙法華의 실상(實相)의 법(法)』(미륵불, 2015)을 참고하시기 바란다.

[십거일적도(十鉅一積圖)와 천궁도(天宮圖)]

① [무궤화일(無匱化一) 천궁도(天宮圖)]

 십거일적도(十鉅一積圖) 중심에는 6공후(箜篌)를 가진 《여섯 뿌리》로써 《석가모니 하나님 부처님》께서 하나인 《1》의 자리를 가지고 계신다.

이러한 1의 자리에서 작용을 하실 때가 〈1×1도(圖)〉를 가지시게 되는 것이다.

이와 같은 〈1×1도(圖)〉도 변화의 주체가 중심에 자리함으로써 〈1×1×1〉의 천궁도(天宮圖)와 이와 양음(陽陰) 짝을 하는 〈1×2×1〉 천궁도(天宮圖) 이치를 가지시는 것이다.

이와 같은 천궁도(天宮圖) 이치는 [천궁도(天宮圖)] 편에서 밝혀 드리겠다.

② [무궤화이(無匱化二) 천궁도(天宮圖)]

㉮ 십거일적도(十鉅一積圖) 〈2×2도(圖)〉와 관련 천궁도(天宮圖)

〈2×2도(圖)〉의 중심(中心)에 변화의 주체가 자리함으로써 다음과 같은 천궁도(天宮圖)를 가지게 된다.

〈2×1×2〉 천궁도(天宮圖)
〈2×2×2〉 천궁도(天宮圖)

※ 십거일적도(十鉅一積圖)의 〈6×6도(圖)〉와 〈8×8도(圖)〉는 6궤(匱)의 변화를 따르고 〈10×10도(圖)〉와 〈12×12도(圖)〉는 8궤(匱)의 변화를 따르게 되는 점을 깊이 인식하시기 바란다.

㉴ 십거일적도(十鉅一積圖) 〈3×3도(圖)〉와 관련 천궁도(天宮圖)

십거일적도(十鉅一積圖)의 작용(作用) 〈3×3도(圖)〉는 십거일적도(十鉅一積圖)의 표면에는 드러나지 않는 작용도(作用圖)로써,

십거일적도(十鉅一積圖) 중앙(中央)에 하나인 1로 자리하는 석가모니 하나님 부처님의 작용으로 〈2×2도(圖)〉와 〈4×4도(圖)〉 가운데에서 일어나는 작용을 말하는 것이다.

십거일적도(十鉅一積圖)와 〈6×6 도(圖)〉

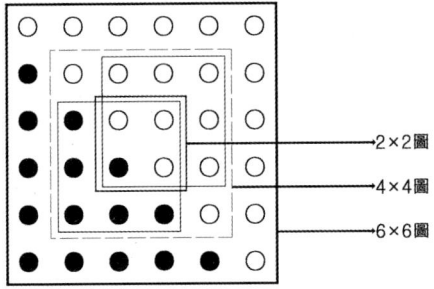

상기 도형의 중앙(中央) 부분 4공후(●1, ○3)에 있어서 음1(●1)과 대칭되는 양1(○1)이 9공후(筐篌)의 중심에서 작용(作用)하는 작용도(作用圖)로써 이를 《

태양수(太陽數) ⊕9의 작용》이라고 한다.

  즉, 중앙점에 자리하는 하나인 1이 여섯 뿌리인 6공후가 되어 태양수(太陽數) ⊕9를 이루고 벌이는 작용을 말한다.

  이러한 작용을 〈3×3도(圖)〉라고 이름하는 것이며, 이와 같은 〈3×3도(圖)〉도 중심(中心)에 변화의 주체가 자리함으로써 다음과 같은 천궁도(天宮圖)를 가지게 된다.

〈3×1×3〉 천궁도(天宮圖)
〈3×2×3〉 천궁도(天宮圖)
〈3×3×3〉 천궁도(天宮圖)

㉻ 십거일적도(十鉅一積圖) 〈4×4도(圖)〉와 관련 천궁

도(天宮圖)

　〈4×4도(圖)〉의 중심에 변화의 주체가 자리함으로써 다음과 같은 천궁도(天宮圖)를 가지게 된다.

〈4×1×4〉 천궁도(天宮圖)
〈4×2×4〉 천궁도(天宮圖)
〈4×3×4〉 천궁도(天宮圖)
〈4×4×4〉 천궁도(天宮圖)

㈘ 십거일적도(十鉅一積圖) 〈6×6도(圖)〉와 관련 천궁도(天宮圖)

　〈6×6도(圖)〉의 중심에 변화의 주체가 자리함으로써 다음과 같은 천궁도(天宮圖)를 가지게 된다.

⟨6×1×6⟩ 천궁도(天宮圖)
⟨6×2×6⟩ 천궁도(天宮圖)
⟨6×3×6⟩ 천궁도(天宮圖)
⟨6×4×6⟩ 천궁도(天宮圖)
⟨6×5×6⟩ 천궁도(天宮圖)
⟨6×6×6⟩ 천궁도(天宮圖)

③ [무궤화삼(無匱化三)《천궁도(天宮圖)》]

㉮ 십거일적도(十鉅一積圖) ⟨8×8도(圖)⟩와 관련 천궁도(天宮圖)

⟨8×8도(圖)⟩의 중심에 변화의 주체가 자리함으로써 다음과 같은 천궁도(天宮圖)를 가지게 된다.

⟨8×1×8⟩ 천궁도(天宮圖)

⟨8×2×8⟩ 천궁도(天宮圖)
⟨8×5×8⟩ 천궁도(天宮圖)
⟨8×6×8⟩ 천궁도(天宮圖)

⑭ 십거일적도(十鉅一積圖) ⟨10×10도(圖)⟩와 관련 천궁도(天宮圖)

⟨10×10도(圖)⟩의 중심에 변화의 주체가 자리함으로써 다음과 같은 천궁도(天宮圖)를 가지게 된다.

⟨10×1×10⟩ 천궁도(天宮圖)
⟨10×2×10⟩ 천궁도(天宮圖)
⟨10×5×10⟩ 천궁도(天宮圖)
⟨10×6×10⟩ 천궁도(天宮圖)

㉔ 십거일적도(十鉅一積圖) 〈12×12도(圖)〉와 관련 천궁도(天宮圖)

〈12×12도(圖)〉의 중심에 변화의 주체가 자리함으로써 다음과 같은 천궁도(天宮圖)를 가지게 된다.

〈12×1×12〉 천궁도(天宮圖)
〈12×2×12〉 천궁도(天宮圖)
〈12×7×12〉 천궁도(天宮圖)
〈12×8×12〉 천궁도(天宮圖)

※ 각각의 천궁도(天宮圖)들은 모두가 양음(陽陰) 짝을 하는 것이며,

《십거일적도(十鉅一積圖)》하나에《상계(上界)의 우주(宇宙)》와《중계(中界)의 우주(宇宙)》변두리 우주인《천이삼(天二三)》,《인이삼(人二三)》,《지이삼(地二三)》우주(宇宙)까지 측량이 가능하며

《천궁도(天宮圖)》의 상세한 이치는 필자가 펴낸 『(改訂版) 妙法華의 실상(實相)의 법(法)』(미륵불, 2015)을 참고하시고 다만 이 장에서는 《십거일적도(十鉅一積圖)》와 관련된 이러한 《천궁도(天宮圖)》성단(星團)이 있구나 하는 정도만 아시기 바란다.

그리고 《상천궁(上天宮)》을 중심하여 《인일삼(人一三)》우주(宇宙)로 알려진 《은하수(銀河水)》까지를 《상계(上界)의 우주》라고 하며,

이러한 《상계(上界)의 우주》까지는 《6궤(匱)》의 작용(作用)을 하며

《은하수(銀河水)》를 건너면서부터 《중계(中界)의 우주》가 시작된다.

이와 같은 《중계(中界)의 우주》부터는 《8궤(匱)》의 작용이 시작되는 것이다.

이러한 《8궤(匱)》를 지상(地上)의 《BC 3512년》《석가모니 하나님 부처님》께서 《태우의 황제(皇帝)》로 이름하고 오셨을 때 막내아들인 《복희》가 《8괘(卦)》로 이름한 것이다.

이때 태어난 《복희》가 《대마왕보살(大魔王菩薩)》인 《문수보살(文殊菩薩)》이다.

이와 같은 《문수보살(文殊菩薩)》인 《복희》가 8괘(卦)의 작용을 창작한 것인양 지금까지도 최고의 《대마왕신(大魔王神)》《비로자나》의 사주(使嗾)를 받은 《마왕(魔王)》무리들이 인간 무리들을 속이고 사기를 치고 있는 것이다.

분명히 말씀 드려 밝히는 바는 《팔괘(八卦)》의 작용은 진리(眞理)의 한 부분인 《팔궤(八匱)》의 작용임을 아시기 바란다.

⑸ 《천(天)》과 《인(人)》의 우주(宇宙) 《원(圓)》의 구분법

※ 중앙(中央)에 있는 《36궁(宮)》은 《음(陰)의 36궁(宮)》으로써 《상천궁(上天宮)》이 있는 자리이다. 이러한 《상천궁(上天宮)》《음(陰)의 36궁(宮)》을 뺀 나머지는 《324》가 된다.

《천(天)》과 《인(人)》의 우주 원(圓)의 구분 도형

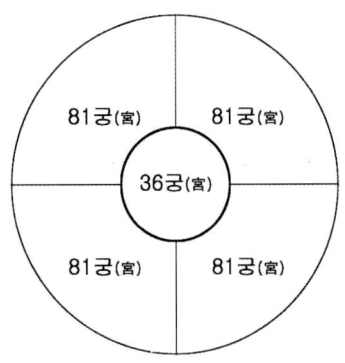

이와 같은 《324》를 4등분하면 324÷4=81이 된다.

이렇듯 나타난 《81궁(宮)》을 《일세계(一世界)》라 하며 이러한 《81궁(宮)》의 수리적 풀이는 9와 72로써,

9의 수리(數理)는 《태양수(太陽數) 9》를 가진 《태양성(太陽星)》이라는 뜻이며 72는 《36궁(宮)》둘을 가진 《72궁(宮)》이라는 뜻이다.

이와 같이 《일세계(一世界)》인 《81궁(宮)》은 『《태양수(太陽數) 9》를 가진 《태양성(太陽星)》을 거느린 《36궁(宮)》각각이 둘(2)인 세계를 《일세계(一世界)》라고 하는 것이다.

이와 같은 논리로 보면 《81궁(宮)》넷(4)은 《태양수(太陽數) 9》를 가진 《태양성(太陽星)》을 거느린 《36

궁(宮)》 각각이 《8》이라는 뜻으로써 《상천궁(上天宮)》을 중심하여 《천(天)》과 《인(人)》의 우주가 《태양수(太陽數) 9》를 가진 《태양성(太陽星)》을 각각 거느린 《36궁(宮)》이 여덟(8)이라는 뜻을 가지고 있는 것이다.

이러한 《36궁(宮)》 여덟(8)을 밝혀 드리면,

상천궁(上天宮)
1. 천일궁(天一宮) 36궁(宮) : 작은곰자리
2. 백조자리 성단의 36궁(宮)
3. 목동자리 성단의 36궁(宮)
4. 천일일(天一一) 우주 《오리온좌》 36궁(宮)
5. 인일일(人一一) 우주 성단 36궁(宮) : 독수리자리성단
6. 인일이(人一二) 우주 성단 36궁(宮)
7. 천이삼(天二三) 우주 성단 36궁(宮)
8. 인이삼(人二三) 우주 성단 36궁(宮) : 안드로메다성단

이와 같이 《120억 년(億年)》 진행된 《선천우주(先天宇宙)》《천(天)》과 《인(人)》의 우주 전체가 상기 도형 속에 있는 것이다.

 《일세계(一世界)》《81궁(宮)》을 밝히는 이유가 최고의 《대마왕신(大魔王神)》《비로자나》의 사주를 받은 《마왕(魔王)》 무리들이 《천부경(天符經)》 제호를 《천부경(天符經) 81자(字)》라는 제호를 붙여 마치 《천부경(天符經)》이 《일세계(一世界)》에 국한된 경(經)으로 추락시키는 관계로

이를 바로 잡기 위해 《일세계(一世界)》를 밝히는 것이오니 향후 어느 누구라도 《천부경(天符經)》 제호(題號)에 81자(字)라는 제호를 첨부하지 마시기 바란다.

 설명드린 바대로 《천부경(天符經)》은 120억 년(億年) 우주(宇宙)의 역사(歷史)를 기록한 경(經)이라는 사실을 반드시 알아야 할 것이다.

(6) 『8의 우주(宇宙)』

※ 《8의 우주(宇宙)》 설명에는 부분적인 《8의 우주(宇宙)》에 대한 설명이 있고 광역적인 《8의 우주(宇宙)》에 대한 설명이 있으나 이 장에서 요구하는 《8의 우주(宇宙)》에 대한 설명은 부분적인 《8의 우주(宇宙)》에 대한 설명임을 염두에 두시기 바란다.

지금으로부터 《20억 년전(億年前)》《석가모니 하나님 부처님》 진신 4성(眞身四星)인 《지구(地球)》, 《달(月)》, 《화성(火星)》, 《목성(木星)》은

《노사나불(盧舍那佛)》의 《지일(地一)》의 《칠성(七星)》인 《태양성(太陽星)》, 《수성(水星)》, 《금성(金星)》, 《토성(土星)》, 《천왕성(天王星)》, 《해왕성(海王星)》, 《명왕성(冥王星)》과 만나 《일세계(一世界)》를 이루면서

먼저 《노사나불(盧舍那佛)》 진신 3성(眞身三星)인 《태양성(太陽星)》과 《수성(水星)》과 《금성(金星)》이 자리한

후

다음으로 《석가모니 하나님 부처님》진신 4성(眞身四星) 중 《지구(地球)》가 자리한 다음으로 만들어지는 《태양계(太陽界)》의 궤도가 《10개》밖에 없는 관계로 《달(月)》이 《지구(地球)》의 위성으로 자리하고 그 다음이 《화성(火星)》이 자리하고 다음으로 《여섯 뿌리》의 법궁(法宮)인 《목성(木星)》이 자리하며

다음은 차례로 《토성》,《천왕성》,《해왕성》,《명왕성》이 자리하여 지금 있는 우리들 《태양계(太陽界)》가 이때 탄생을 하는 것이다.

이러한 《태양계(太陽界)》는 《8의 우주핵(宇宙核)》인 《석가모니 하나님 부처님》《진신 4성(眞身四星)》이 자리한 관계로 우리들 《태양계(太陽界)》를 《8의 우주(宇宙)》라고 하는 것이다.

이러한 우리들 《태양계(太陽界)》의 운행은 《20억

년(億年)》동안은 《시계 반대 방향》의 회전(回轉)인 《1-4-1의 길》을 따르다가 《120억 년(億年)》의 《선천우주(先天宇宙)》 기간(其間)이 끝이 나면 《중앙천궁상궁(中央天宮上宮)》으로 전환이 되어

지금까지 《태양성》, 《수성》, 《금성》 등 《노사나불(盧舍那佛)》 진신 3성(眞身三星) 위주로 운행(運行)하는 체제가 바뀌어 《태양성》과 《태양성》의 위성으로써 《수성》과 《금성》 등은 《천왕성》과 《해왕성》 사이의 궤도로 이동하고

《석가모니 하나님 부처님》 진신 4성(眞身四星) 위주의 운행(運行)으로 바뀌면서 《목성(木星)》이 《태양성(太陽星)》의 자리로 옮기고 다음으로 지금까지 《지구(地球)의 위성으로 있던 달(月)이 단독 궤도를 가지고 자리하고 다음으로 《화성》이 자리하고 그 다음으로 우리들의 지구(地球)가 위치 변동 없이 자리하고

그 다음으로 《토성(土星)》, 《천왕성(天王星)》, 《태양성(太陽星)》, 태양성의 위성으로써 《수성(水星)》, 다음으로 《금성(金星)》, 《해왕성》, 《명왕성》이 자리하여

《중앙천궁상궁(中央天宮上宮)》운행(運行) 체제로 바뀌면서 《시계 방향》의 회전(回轉)인 《1-3-1의 길》 운행(運行)을 함으로써 《중계(中界)의 우주》 중심 우주인 《중앙천궁상궁(中央天宮上宮)》이 되는 것이다.

이러한 체재로 바뀌는 때가 지금으로부터 《23년》 밖에 남지 않은 것이다.

이와 같이 《중앙천궁상궁(中央天宮上宮)》 운행(運行)이 시작되면 《노사나불(佛)》의 《지일(地一)》의 7성(七星)은 모두 《석가모니 하나님 부처님》께 되돌려져 《중앙천궁상궁(中央天宮上宮)》은 세 번째로 《석가모니 하나님 부처님》 화(化)의 천궁(天宮)이 되는 것이다.

이렇듯 중요한 위치를 가지고 있는 것이 《8의 우주(宇宙)》인 우리들 《태양계(太陽界)》로써 《중앙천궁상궁(中央天宮上宮)》이 되었을 때도 《8의 우주(宇

宙)》인 것이다.

   이때쯤 《지일(地一)》의 7성(七星)의 처음 주인공들은 핵(核)의 붕괴와 함께 모두 《지일(地一)》의 7성(星)으로부터 떠나기 때문에 《지일(地一)》은 영원히 사라지게 되고 7성(星)은 《중앙천궁상궁(中央天宮上宮)》에 흡수되는 것이다.

   이렇듯 처음 《8의 우주(宇宙)》인 우리들의 태양계(太陽界)가 태어남으로써 《천이삼(天二三)》, 《인이삼(人二三)》, 《지이삼(地二三)》 우주가 독립하게 되며

우리들의 태양계(太陽界)는 《지이삼(地二三)》 우주 《일천(一天)》에 자리하게 되는 것이며,

이후 《선천우주(先天宇宙)》 기간이 끝이 나면 《지이삼(地二三)》 우주 일천(一天)으로부터 벗어나서 《중앙천궁상궁(中央天宮上宮)》의 자리로 옮기게 되는 것이다.

이러한 자리 옮김이 지금의 때에 일어나 우리들의 《태양계(太陽界)》는 이미 《중앙천궁상궁(中央天宮上宮)》 자리로 옮겨와 있으나 다만 그 운행(運行)이 이루어지지 않고 있을 뿐이다.

[5]
```
天二三    人二三    地二三
천이삼    인이삼    지이삼
           (9)
```

※ 《천이삼(天二三)》,《인이삼(人二三)》,《지이삼(地二三)》 우주(宇宙)는 우주(宇宙)가 만들어진 순서로 기록하는 것이며,

이 역시 최고의《대마왕신(大魔王神)》《비로자나》의 사주를 받은《단군왕검(檀君王儉)》으로 이름하였던《대마왕보살(大魔王菩薩)》인《문수보살(文殊菩薩)》과《대마왕불(大魔王佛)》이었던《연등불(燃燈佛)》이《천이삼(天二三)》,《지이삼(地二三)》,《인이삼(人二三)》 우주(宇宙)로 바꾸어 놓은 것을 원형대로 바로 잡은 것임을 아시기 바란다.

※ 글자 수(數) 9자(字)는 9의 수리(數理)를 가짐으로써 『태양수(太陽數) 9를 가진《태양성(太陽星)》』을

뜻한다.

『직역(直譯)』

『《천이삼(天二三)》,《인이삼(人二三)》,
《지이삼(地二三)》 우주(宇宙)가 자리하고
《태양수(太陽數) 9》를 가진
《태양성(太陽星)》들이 탄생되어』

『의역(意譯)』

『《천이삼(天二三) 우주(宇宙)》와
《인이삼(人二三) 우주(宇宙)》와
《지이삼(地二三) 우주(宇宙)》가
차례대로 자리하고

《태양수(太陽數) 9》를 가진
《태양성(太陽星)》들이 탄생되어」

『해설(解說)』

1)『천이삼(天二三) 우주(宇宙)』

　지금으로부터《100억　년(億年)》전(前)《천일궁(天一宮)》에서　최고의《대마왕신(神)》《비로자나》의　사주를 받은《대마왕신(神)》들과《대마왕불(佛)》들이

그들의　추종　세력들과　함께《아미타불(阿彌陀佛)》을 살해하는《우주 쿠데타》를 일으켜《천일우주(天一宇宙)》100의 궁(宮) 9개 성단(星團)을 점령한 사실을 진행을 하면서 밝혔다.

이러한 때 죽임을 당한 《아미타불(阿彌陀佛)》이 《인욕선인(忍辱仙人)》의 생활 《50억 년(億年)》만에 《지일이(地一二)》 우주 초입에 부활하여 〈8×5×8〉 천궁도(天宮圖) 성단(星團)을 일으켜 우주(宇宙) 여행을 한 후 은하수(銀河水)를 건너 《중계(中界)의 우주(宇宙)》 변두리에서 《10억 년(億年)》에 걸쳐 《천이삼(天二三)》 우주(宇宙)를 만들게 된다.

2) 『인이삼(人二三) 우주(宇宙)』와 『지이삼(地二三) 우주(宇宙)』

《인일이(人一二) 우주(宇宙)》 9억 년(億年)에 《다보불(多寶佛)》이 좌정한 《천궁(天宮)》을 중심으로 《석가모니 하나님 부처님》의 《진신사성(眞身四星)》인 《지구(地球)》, 《달(月)》, 《화성(火星)》, 《목성(木星)》이 자리한 후

《인일일(人一一) 우주(宇宙)》와 《인일이(人一二) 우주

《宇宙》에서 만들어진 수많은 별(星)들과 물질(物質) 중 《별(星)자리 성단(星團)》을 이루지 못한 《별(星)》들과 《소행성(小行星)》들과 《물질(物質)》들을 이끌고 《인일삼(人一三) 우주(宇宙)》의 자리로 건너가서

《별(星)》들과 《소행성(小行星)》들과 《물질(物質)》들로써 《상계(上界)의 우주(宇宙)》와 《중계(中界)의 우주(宇宙)》 경계가 되는 《인일삼(人一三) 우주》인 《은하수(銀河水)》를 10억 년(億年) 동안 만들면서

《다보불(多寶佛)》《천궁(天宮)》을 중심하여 자리하였던 《석가모니 하나님 부처님》《진신사성(眞身四星)》은 〈12×7×12〉 천궁도(天宮圖) 성단(星團)으로 자라나서 《인일이(人一二) 우주》를 출발하여 《천이삼(天二三) 우주》 경계로 들어간다.

이때 《아미타불(佛)》은 《천이삼(天二三) 우주》를 만들고 《3개》의 《별(星)자리 성단》을 만들었을 때로써

이때 《다보불(多寶佛)》과 《석가모니 하나님 부처님》

께서 만드신 〈12×7×12〉 천궁도(天宮圖) 성단(星團)이 도착하여 《천이삼(天二三) 우주》에 《4개》의 《별(星) 자리 성단》을 만들어 《천이삼(天二三) 우주》에 남겨놓고 《인이삼(人二三) 우주》의 자리로 이동하게 된다.

한편, 이때 《지일이(地一二)》 우주를 출발한 《아촉불(阿閦佛)》이 좌정한 《천궁(天宮)》을 중심으로 자리한 《지일삼(地一三)》 이동 성단(星團)과 《지일(地一)》의 7성(星)이 포함된 성단을 〈10×5×10〉 천궁도(天宮圖) 성단(星團)이라 하는데,

이러한 〈10×5×10〉 천궁도(天宮圖) 성단(星團)도 《천이삼(天二三) 우주》 경계 내(內)로 들어와 《3개》의 《별자리 성단》을 만들어 《천이삼(天二三) 우주(宇宙)》에 남겨둠으로써 《천이삼(天二三) 우주(宇宙)》는 《10개》의 《별자리 성단》을 갖춤으로써 《천이삼(天二三) 우주(宇宙)》가 완성이 되는 것이다.

이렇듯 《인(人)의 우주》〈12×7×12〉천궁도(天宮圖) 성단(星團)과 《지(地)의 우주》〈10×5×10〉천궁도(天宮圖) 성단(星團)이 《천이삼(天二三) 우주》를 완성시킨 이유는

일찍이 《천일궁(天一宮)》에서 《우주 쿠데타》세력들에 의해 《아미타불(阿彌陀佛)》이 시해를 당한 이후 《50억 년(億年)》의 《인욕선인(忍辱仙人)》으로 있다가 겨우 《지일이(地一二) 우주》 초반에 성단(星團)을 만든 탓에 《천이삼(天二三) 우주》를 완성할 능력이 없었기 때문에

때에 《원천창조주》이신 《석가모니 하나님 부처님》의 명령에 의해 《인(人)의 우주》와 《지(地)의 우주》가 협력하여 《천이삼(天二三)》 우주를 완성하게 된 것이다.

이러한 이후 《인(人)의 우주》〈12×7×12〉천궁도(天宮圖) 성단(星團) 외곽에 자리하였던 《석가모니 하나님 부처님》《진신사성(眞身四星)》은 〈12×7×12〉천

궁도(天宮圖) 성단(星團)으로부터 떨어져 나와 《지(地)》의 우주〈10×5×10〉천궁도(天宮圖) 성단(星團) 외곽(外廓)에 자리하였던 《지일(地一)의 7성(星)》과 하나가 되어 현재의 우리들 《태양계(太陽界)》인 《8의 우주(宇宙)》를 탄생시켜〈10×5×10〉천궁도(天宮圖) 성단(星團) 외곽에 자리하게 된다. 이때가 지금으로부터 20억 년전(億年前)이다.

 이로써 《인(人)의 우주》〈12×7×12〉천궁도(天宮圖) 성단(星團)은 《인이삼(人二三) 우주》의 자리에 도착하여 《인이삼(人二三)》 우주로 자리하고

 《지(地)의 우주》〈10×5×10〉천궁도(天宮圖) 성단(星團)은 여행을 하여 《지이삼(地二三) 우주》의 자리에 자리하여 《지일삼(地一三) 우주》를 성단 재편성하여 《지이삼(地二三) 우주》로 거듭 태어나는 것이다.

 이리하여 《인이삼(人二三) 우주》는 《10억 년(億年)》에 걸쳐 완성(完成)이 되고,

《인이삼(人二三)》우주보다 늦게 《지이삼(地二三)》우주 역시 《10억 년(億年)》진화(進化)의 기간을 가짐으로써 《지이삼(地二三) 우주》를 완성하고 그 외곽에 우리들의 《태양계(太陽界)》인 《8의 우주》가 자리하여 《34천(天)》을 이룬 《지이삼(地二三)》우주 외곽 《일천(一天)》에 자리하게 된 것이다.

이와 같이 하여 만들어진 《인이삼(人二三) 우주》를 《안드로메다》성단이라고 하며, 이러한 《안드로메

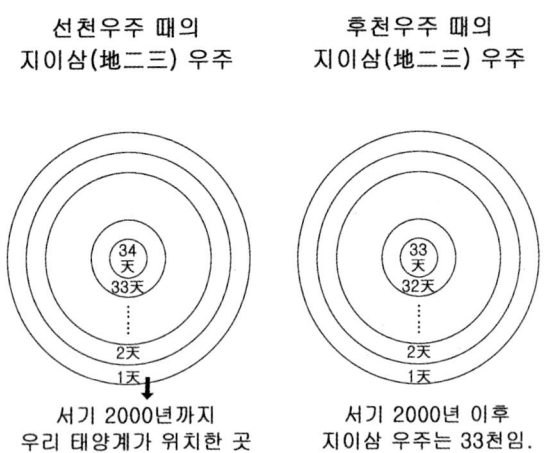

다》 성단 중심의 《천궁(天宮)》은 향후 《4억 년(億年)》이 지나야 대폭발을 하여 펼쳐진 《방(方) □》의 《인이삼(人二三)》 우주의 《하늘(天)》로 자리할 것이며,

지금의 시점 《지이삼(地二三)》 우주(宇宙) 《일천(一天)》에 자리하였던 《8의 우주》인 우리들 《태양계(太陽界)》는 지상(地上)의 《서기(西紀) 2000년》 이후 《지이삼(地二三)》 우주 《일천(一天)》의 자리로부터 벗어나서 《지이삼(地二三)》 우주로부터 《40광년(光年)》 떨어진 《중앙천궁상궁(中央天宮上宮)》의 자리로 이동하였으며 이로써 《지이삼(地二三)》 우주(宇宙)는 《33천(天)》이 되어 있는 것이다.

이러한 《지이삼(地二三)》 우주 중심부 《천궁(天宮)》은 《황금알대일(黃金卵大一)》의 과정을 겪고 있으며 향후 《5억 년(億年)》 후라야 《태양수(太陽數) 9》를 가진 새로운 《태양성(太陽星)》을 탄생시킬 것이다.

이 역시 《인이삼(人二三)》 우주 천궁(天宮)보다 《1

억 년(億年)》늦게 폭발하는 것이다.

 한편,〈10×5×10〉천궁도(天宮圖) 성단(星團)을 따라 왔던《지일삼(地一三)》이동성단에서 탄생한 것이《32천(天)》인《도리천(忉利天)》이라는 사실을 기억(記憶)하시기 바란다.

 이와 같이《인이삼(人二三)》우주와《지이삼(地二三)》우주의 관계를 한때 지상(地上)의 BC 1100년경《주(周)》나라가 탄생되었을 때《주공단》으로 이름하고 왔던《비로자나》가 그가 쓴《역경(易經)》에서《상경(上經) 30괘(卦)》,《하경(下經) 34괘(卦)》로 구분하여 놓고도 정작 그의 하수인들을 시켜《천부경(天符經)》에서는《천이삼(天二三)》,《지이삼(地二三)》,《인이삼(人二三)》으로 기록하여 놓고 있는 파렴치한 짓을 해 놓고 있는 것이다.

 진행을 하면서 밝혀 왔듯이,《천부경(天符經)》에서

는 우주(宇宙)가 만들어진 대로 기록하기 때문에《천부경(天符經)》이 왜곡되지 않았을 때 원문(原文)은 《천이삼(天二三)》,《인이삼(人二三)》,《지이삼(地二三)》 우주가 된다는 점을 명심하시기 바란다.

3) 『태양수(太陽數) 9』와 《태양성(太陽星)》

※ [3]번의 해설(解說)편에 상세히 설명하여 두었으니 참고하시기 바란다.

4) 관련 천궁도(天宮圖) 설명

※ 《천궁도(天宮圖)》의 공후수(箜篌數) 계산은 성단(星團) 크기를 가늠하는 잣대로 쓴다.

(1) 〔천이삼(天二三) 우주〕

① 지일이(地一二)에서 이전 〈8×5×8〉 도(圖)

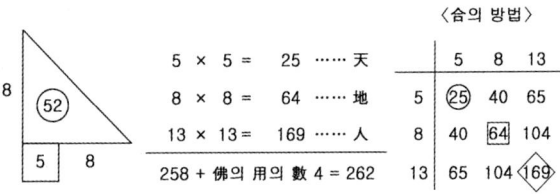

② 〈8×5×8〉 圖의 음양합일도(陰陽合一圖)
　　〈8×6×8〉 圖

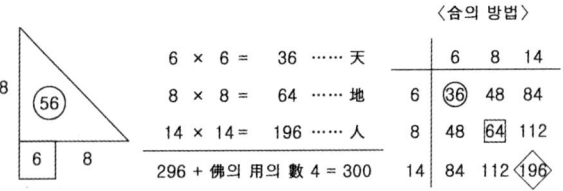

③ 인일삼(人一三) 우주에서 이전 〈12×4×12〉圖
(〈12×3×12〉圖 음양합일도(陰陽合一圖))

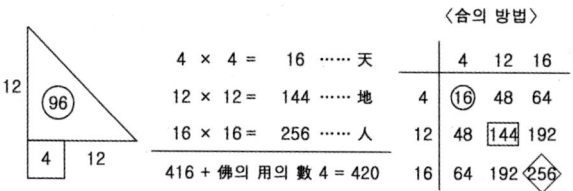

④ 인일삼(人一三) 우주에서 이전 〈12×6×12〉圖

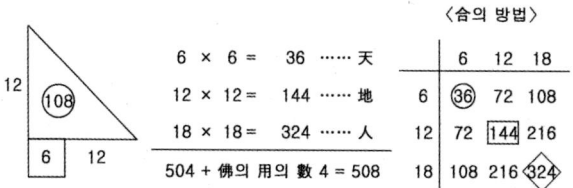

⑤ 《천이삼(天二三)》 우주(宇宙)의 합계 공후수(箜篌數)

[5] 天二三 人二三 地二三   243

는 다음과 같다.

⟨8×5×8⟩ 도(圖) : 262

⟨8×6×8⟩ 도(圖) : 300

⟨12×4×12⟩ 도(圖) : 420

⟨12×6×12⟩ 도(圖) : 508

합(合) : 1,490 공후

(2) [인이삼(人二三) 우주(宇宙)]

① 인일이(人一二) 우주에서 이전 <12×7×12>圖

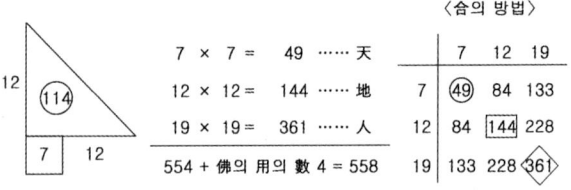

② <12×7×12>圖의 음양합일도(陰陽合一圖)
　<12×8×12>圖

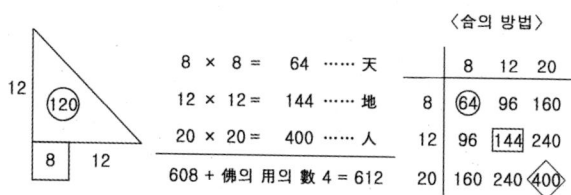

③ <12×1×12> + <12×7×12> = <24×8×24>圖

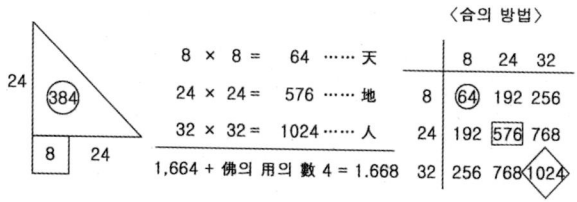

④ 《인이삼(人二三)》 우주(宇宙)의 합계 공후수(箜篌數)

[5] 天二三 人二三 地二三　245

는 다음과 같다.

⟨12×7×12⟩ 도(圖) : 558
⟨12×8×12⟩ 도(圖) : 612
⟨24×8×24⟩ 도(圖) : 1,668
―――――――――――――――――
합(合) : 2,838공후

(3) [지이삼(地二三) 우주(宇宙)]

① 지일삼(地一三)에서 이전 ⟨10×4×10⟩ 도(圖)

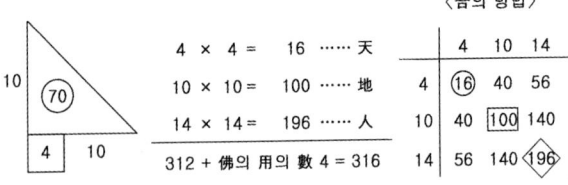

② 지일삼(地一三)에서 이전 〈10×5×10〉도(圖)

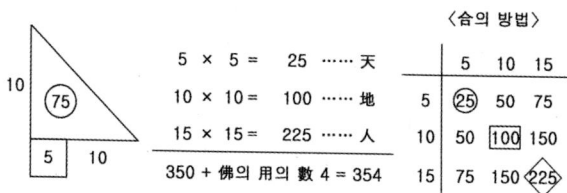

③ 〈10×5×10〉圖의 음양합일도(陰陽合一圖)
   <10×6×10>圖

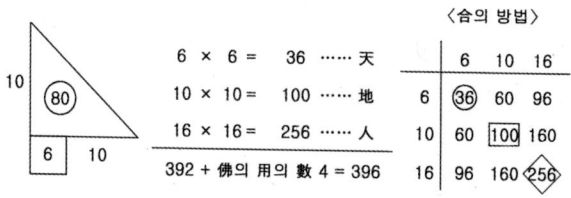

④ <10×1×10> + <10×2×10> = <20×3×20>圖

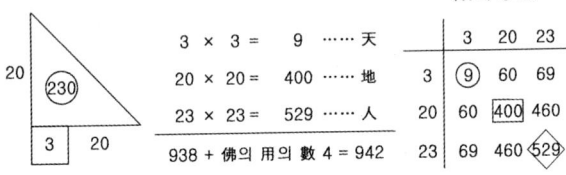

⑤ 《지이삼(地二三)》 우주(宇宙)의 합계 공후수(箜篌數)는 다음과 같다.

$$\begin{aligned}
\langle 10 \times 4 \times 10 \rangle \text{ 도}(圖) &: 316 \\
\langle 10 \times 5 \times 10 \rangle \text{ 도}(圖) &: 354 \\
\langle 10 \times 6 \times 10 \rangle \text{ 도}(圖) &: 396 \\
\langle 20 \times 3 \times 20 \rangle \text{ 도}(圖) &: 942 \\
\hline
\text{합}(合) &: 2{,}008 \text{공후}
\end{aligned}$$

⑷ 《천이삼(天二三)》,《인이삼(人二三)》,《지이삼(地二三)》 우주(宇宙) 크기 비교

※ 《인이삼(人二三)》 우주(宇宙) 전체 《공후수》는 《2,838공후》이나

《인이삼(人二三)》 우주(宇宙) 〈24×8×24〉 천궁도(天宮圖)는 우리들의 《태양계(太陽界)》인 《8의 우주》가 《선천우주(先天宇宙)》가 끝나는 지상(地上)의 서기(西紀) 2000년 《지이삼(地二三) 우주》《일천(一天)》에서 《40광년(光年)》 바깥에 있는 《중앙천궁상궁(中央天宮上宮)》 자리로 옮겨 갈 때 《안드로메다》 성단으로 불리우는 《인이삼(人二三)》 우주와는 연결고리가 끊어지게 된다.

이러한 연결고리가 끊어진 후에 만들어지는 《천궁도(天宮圖)》가 〈24×8×24〉 천궁도(天宮圖)이기 때문에 이를 감한 《1,170공후》가 《인이삼(人二三)》 우주 공후가 되는 것이다.

이러한 《안드로메다》 성단으로 불리우는 《인이삼(人二三)》 우주는 《8의 우주》인 《중앙천궁상궁(中央天宮上宮)》이 새로운 《중앙천궁상궁(中央天宮上宮)》 운행(運行)으로 들어가게 되면 다시 《1-3의 길》로 연결되게 된다.

이러한 뜻을 감안한 《천이삼(天二三)》,《인이삼(人二三)》,《지이삼(地二三)》 우주의 크기 비교는 다음과 같다.

    《천이삼(天二三) 우주》 : 1,490공후
    《인이삼(人二三) 우주》 : 1,170공후
    《지이삼(地二三) 우주》 : 2,008공후

이렇듯 《우리들의》《태양계(太陽界)》인 《8의 우주(宇宙)》와 연결고리를 이루었을 때 셋의 우주 중 제일 큰 우주는 《지이삼(地二三)》 우주가 되며 이를 두고《석가모니 하나님 부처님》께서는《영산회상(靈山會上)》으로 불리우는《독수리자리》성단(星團)에서《묘법화경(妙法華經)》을 설(說)하실 때《지이삼(地二三)》우주를《수미산(須彌山)》으로 비유하시고

그때까지 만들어진《우주(宇宙)》들 중《수미산(須彌山)》이 제일이라고 말씀하시는 것이다.

이와 같이《묘법화경(妙法華經)》에서《다보탑(多寶塔)》으로 비유하는 우주(宇宙)가《안드로메다》성단인《인이삼(人二三)》우주라는 사실을《묘법화경(妙法華經)》을 공부하시는 분들은 반드시 알아야 하는 것이다.

[6]
| 大三合　六生七八九 |
| 대삼합　육생칠팔구 |
| (8) |

※ 글자 수(數) 8의 수리(數理)는 8의 우주(宇宙)인 우리들《태양계(太陽界)》를 뜻하는 수리(數理)이다.

『직역(直譯)』

『대삼합을 한 결과, 6의 우주(宇宙)들을 탄생시켜
7, 8, 9의 우주(宇宙)가 만들어지는 가운데
8의 우주인 우리들《태양계(太陽界)》에서는』

『의역(意譯)』

『대일합(大一合), 대이합(大二合),
대삼합(大三合)을 한 결과,
상계(上界)의 6의 우주(宇宙)들을
탄생시켜
7, 8, 9의 우주(宇宙)가
만들어지는 가운데
8의 우주인
우리들《태양계(太陽界)》에서는』

『해설(解說)』

1)『대삼합(大三合)』

《대삼합(大三合)》은《협의(狹義)》의《대삼합(大三合)》과《광의(廣義)》의《대삼합(大三合)》이 있다.

이러한 《대삼합(大三合)》에 있어서 《협의(狹義)》의 《대삼합(大三合)》은 《무궤화일(無匱化一)》, 《무궤화이(無匱化二)》, 《무궤화삼(無匱化三)》이 되며,

《광의(廣義)》의 《대삼합(大三合)》은 《상계(上界)의 우주(宇宙)》《대일합(大一合)》과 《중계(中界)의 우주(宇宙)》《대이합(大二合)》과 《하계(下界)의 우주(宇宙)》의 《대삼합(大三合)》이 있다.

이러한 《대삼합(大三合)》에 있어 《협의(狹義)》의 《대삼합(大三合)》은 지금까지 진행을 하면서 밝혀 왔으니 이 장에서는 《광의(廣義)》의 《대삼합(大三合)》을 다루도록 하겠다.

이러한 《광의(廣義)》의 《대삼합(大三合)》에 있어서 각각의 합(合)에는 《무궤화일(無匱化一)》, 《무궤화이(無匱化二)》, 《무궤화삼(無匱化三)》이 존재한다는 사실을 분명히 한다.

(1) 대일합(大一合) : [상계(上界)의 우주(宇宙)] [6]

상천궁(上天宮), 천일궁(天一宮), 천일우주(天一宇宙)
천일일(天一一) 우주
인일일(人一一), 인일이(人一二), 인일삼(人一三) 우주
지일일(地一一), 지일이(地一二) 우주

(2) 대이합(大二合) : [중계(中界)의 우주(宇宙)]

중앙천궁상궁(中央天宮上宮)
중앙우주(中央宇宙) 100의 궁(宮)
천이삼(天二三), 천이일(天二一), 천이이(天二二) 우주
인이삼(人二三), 인이일(人二一), 인이이(人二二) 우주
지이삼(地二三), 지이일(地二一), 지이이(地二二) 우주

---

6) 천일이(天一二)·천일삼(天一三)·지일삼(地一三) 우주는 이동 우주임.

(3) 대삼합(大三合) : 〔하계(下界)의 우주(宇宙)〕

하천궁(下天宮)
하천(下天) 100의 궁(宮)
천삼삼(天三三), 천삼일(天三一), 천삼이(天三二) 우주
인삼삼(人三三), 인삼일(人三一), 인삼이(人三二) 우주
지삼삼(地三三), 지삼일(地三一), 지삼이(地三二) 우주

2) 육생칠팔구(六生七八九)

(1) 6의 우주(宇宙)

상천궁(上天宮)   : 6의 우주

천일궁(天一宮) ─┐
              │ 6.6(2.6)의 우주
천일우주(天一宇宙) ─┘

천일일우주(天一一宇宙) : 6.6.6(3.6)의 우주

인일일우주(人一一宇宙) : 6.6.6.6(4.6)의 우주

인일이우주(人一二宇宙) : 6.6.6.6.6(5.6)의 우주

인일삼우주(人一三宇宙) : 6.6.6.6.6.6(6.6)의 우주

※ 《선천우주(先天宇宙)》와 《후천우주(後天宇宙)》 구분 때에는

인일일(人一一) 우주 ┐
인일이(人一二) 우주 ├ 가 6.6.6.6(4.6)의 우주가 되고
인일삼(人一三) 우주 ┘

천이삼(天二三) 우주가 : 6.6.6.6.6(5.6)의 우주가 되며

인이삼(人二三) 우주가 : 6.6.6.6.6.6(6.6)의 우주로써

《선천우주(先天宇宙)》가 되며, 《후천우주(後天宇宙)》에 들어서면서

인일일(人一一) 우주가 6.6.6.6(4.6)의 우주가 되고

인일이(人一二) 우주가 6.6.6.6.6(5.6)의 우주가 되며

인일삼(人一三) 우주가 6.6.6.6.6.6(6.6)의 우주가 되면서

천이삼(天二三) 우주는 9의 우주가 되며

인이삼(人二三) 우주는 8.8.8(3.8)의 우주가 되는 것이다.

(2) 7의 우주(宇宙) : [지(地)의 우주]

지일(地一)　　　　: 7의 우주(이동우주) ⎤
　　　　　　　　　　　　　　　　　　　　　　　｜
지일일(地一一 우주): 7.7(2.7)의 우주　　　　　｜
　　　　　　　　　　　　　　　　　　　　　　　｜ 선천
지일이(地一二 우주): 7.7.7(3.7)의 우주　　　　｜ 우주
　　　　　　　　　　　　　　　　　　　　　　　｜ (先天
지일삼(地一三 우주): 7.7.7.⑦(4.7)의 우주(이동우주) ｜ 宇宙)
　　　　　　　　　　　　　　　　　　　　　　　｜
지이삼(地二三 우주): 7.7.7.7(4.7)의 우주　　　 ⎦

지이일(地二一 우주): 7.7.7.7.7(5.7)의 우주　　 ⎤
　　　　　　　　　　　　　　　　　　　　　　　｜
지이이(地二二 우주): 7.7.7.7.7.7(6.7)의 우주　 ｜
　　　　　　　　　　　　　　　　　　　　　　　｜ 후천
지삼삼(地三三 우주): 7.7.7.7.7.7.7(7.7)의 우주　｜ 우주
　　　　　　　　　　　　　　　　　　　　　　　｜ (後天
지삼일(地三一 우주): 7.7.7.7.7.7.7.7(8.7)의 우주 ｜ 宇宙)
　　　　　　　　　　　　　　　　　　　　　　　｜
지삼이(地三二 우주): 7.7.7.7.7.7.7.7.7(9.7)의 우주 ⎦

※ 《지일삼(地一三)》이동 우주가 성단 재편성되어 《지이삼(地二三) 우주》가 됨으로써 7.7.7.7(4.7)의 우주가 되는 것이다.

(3) 8의 우주(宇宙) : [인(人)의 우주(宇宙)]

중앙천궁상궁　　　: 8의 우주(宇宙)
(中央天宮上宮)

중앙우주(中央宇宙)　: 8.8(2.8)의 우주

인이삼(人二三) 우주 : 8.8.8(3.8)의 우주

인이일(人二一) 우주 : 8.8.8.8(4.8)의 우주　　　후천
　　　　　　　　　　　　　　　　　　　　우주
인이이(人二二) 우주 : 8.8.8.8.8(5.8)의 우주　　(後天
　　　　　　　　　　　　　　　　　　　　宇宙)
인삼삼(人三三) 우주 : 8.8.8.8.8.8(6.8)의 우주

인삼일(人三一) 우주 : 8.8.8.8.8.8.8(7.8)의 우주

인삼이(人三二) 우주 : 8.8.8.8.8.8.8.8(8.8)의 우주

(4) 9의 우주(宇宙) : [천(天)의 우주(宇宙)]

천이삼(天二三) 우주   : 9의 우주

천이일(天二一) 우주   : 9.9(2.9)의 우주

천이이(天二二) 우주   : 9.9.9(3.9)의 우주

하천궁(下天宮)   : 9.9.9.9(4.9)의 우주

하천(下天)
100의 궁(宮)   : 9.9.9.9.9(5.9)의 우주

천삼삼(天三三) 우주   : 9.9.9.9.9.9(6.9)의 우주

천삼일(天三一) 우주   : 9.9.9.9.9.9.9(7.9)의 우주

천삼이(天三二) 우주   : 9.9.9.9.9.9.9.9(8.9)의 우주

다보 72궁(宮)   : 9.9.9.9.9.9.9.9.9(9.9)의 우주

후천우주(後天宇宙)

[7] | 運　三四成環　五七
    | 운　삼사성환　오칠
    | (7)

※ 글자 수(數) 7의 수리(數理)는 『지(地)의 우주 운행길(運行道)』을 뜻하는 수리(數理)이다.

※ 三(삼)은 《노사나불》《진신 3성(眞身三星)》을 뜻하고, 四(사)는 《석가모니 하나님 부처님》《진신사성(眞身四星)》을 뜻하며, 五(오)는 《지(地)》의 우주 운행길인 《1-4의 길》을 뜻하고, 七(칠)은 《지일(地一)》의 7성(七星)에서 《노사나불(盧舍那佛)》《진신삼성(眞身三星)》을 뺀 나머지 행성(行星)들을 말한다.

『직역(直譯)』

『《노사나불(盧舍那佛)》《진신삼성(眞身三星)》과 《석가모니 하나님 부처님》《진신사성(眞身四星)》이 둥근 원(圓)의 고리를 이루고 《1-4의 길》운행을 하게 되면 《지일(地一)》의 나머지 행성(行星)들이 자리하여 《지(地)의 우주》운행길을 따르는 가운데』

『의역(意譯)』

※《노사나불(盧舍那佛)》《진신삼성(眞身三星)》은 《태양성(太陽星)》과 《수성(水星)》과 《금성(金星)》을 뜻하며

《석가모니 하나님 부처님》《진신사성(眞身四星)》은 《지구(地球)》,《달(月)》,《화성(火星)》,《목성(木星)》을 뜻하고,

《지일(地一)》의 나머지 행성들은 《토성》,《천왕성》,《해왕성》,《명왕성》을 뜻한다.

이러한 뜻을 감안한 《의역(意譯)》은 다음과 같다.

『《태양성》과 《수성》과 《금성》이
《지구(地球)》와 《달(月)》과 《화성(火星)》과
《목성(木星)》과 함께
둥근 《원(圓)》의 고리를 이루고
《1-4의 길》 운행(運行)을 하게 되면
다음으로 《토성》, 《천왕성》, 《해왕성》,
《명왕성》이 자리하여
《지(地)의 우주》 운행길을
따르는 가운데』

『해설(解說)』

※ 《지(地)의 우주》 운행(運行) 길은 《시계 반대 방향》의 회전길(回轉道)인 《1-4-1 진화의 길》을 따른다. 이러한 진화(進化)의 길을 《역리(逆理)》를 따르는

《진화(進化)》의 길이라 한다.

 이러한 진화(進化)의 길에 대하여서는 진행을 하면서 「[2] 석삼극 무진본(析三極 無盡本)」편에 하였으니 이를 참고하시기 바란다.

[8]
| 一妙衍　萬往萬來用
| 일묘연　만왕만래용
| (8)

※ 글자 수(數) 8의 수리(數理)는 《8의 우주(宇宙)》인 《우리들 태양계(太陽界)》를 뜻하는 수리(數理)이다.

『직역(直譯)』

『하나의 묘한 남음이
만 번 갔다가 만 번 오는 움직임을
《우리들 태양계(太陽界)》에서 일으킴으로써』

『의역(意譯)』

※ 『하나의 묘한 남음』인《일묘연(一妙衍)》은《석가모니 하나님 부처님》의 나뉨인《삼진(三眞)》을 말씀하시는 것이다. 이와 같은 뜻을 감안한《의역(意譯)》은 다음과 같다.

『《석가모니 하나님 부처님》의 나뉨인
《삼진(三眞)》이
만 번 갔다가 만 번 오는 움직임을
《우리들 태양계(太陽界)》에서
일으킴으로써』

『해설(解說)』

※《석가모니 하나님 부처님》의《삼진(三眞)》은 세 가지 참됨으로써《진성(眞性)》,《진명(眞命)》,《진정(眞精)》을 뜻하며,

《진성(眞性)》이 《반중성자(反中性子)》이며 《진명(眞命)》이 《양전자(陽電子)》이며 《진정(眞精)》이 《중성자(中性子)》이다.

 이러한 《삼진(三眞)》의 진원지는 《석가모니 하나님 부처님》의 《여섯 뿌리의 법궁(法宮)》인 《목성(木星)》이다. 이들 관계의 상세한 설명은 다음 편에서 하게 된다.

[9] | 變不動本　本心本
　　　변부동본　본심본
　　　　　　(7)

※ 글자 수(數) 7의 수리(數理)는 《지일(地一)》의 7성(星)을 의미하는 수리(數理)이다.

『직역(直譯)』

『변하지 아니하는 움직이는 근본 뿌리가
본래 《마음(心)》의 근본 뿌리이며,
지일(地一)의 7성(星) 무리들도 마찬가지로써』

『의역(意譯)』

※ 마음(心)의 근본 뿌리를《성(性)의 30궁(宮)》이라고 한다. 이를 감안한《의역(意譯)》은 다음과 같다.

『변하지 아니하는 움직이는
근본 뿌리가
본래《성(性)의 30궁(宮)》이며
지일(地一)의 7성(星) 무리들도
마찬가지로써』

『해설(解說)』

1) [삼진(三眞)]

상천궁(上天宮)《1의 성(星)》과《1-6의 성(星)》인《중성자 태양성(中星子太陽星)》을 석가모니 하나님 부처님의《여섯 뿌리의 법궁(法宮)》이라고 한다.

이러한 《여섯 뿌리의 법궁》은 물질 분출 후에는 반중성자성(反中性子星)인 《슈바르츠실트 블랙홀》로 변화한다.

이와 같은 반중성자성(反中性子星)을 진성성(眞性星)이라고 한다.

이러한 진성성(眞性星)은 중심부가 반중성자(反中性子)인 진성(眞性)으로 이루어져 있고 그 외곽이 양전자(陽電子)인 진명(眞命)이 둘러싸고 있음을 근본진리(根本眞理)가 밝히고 있다.

이러한 반중성자(反中性子)인 진성(眞性)과 양전자(陽電子)인 진명(眞命)과 중성자(中性子)인 진정(眞精)을 '삼진(三眞)'이라고 한다.

이러한 삼진(三眞) 중 진성(眞性) 1과 진명(眞命) 3

과 진정(眞精) 6의 합(合) 10이《석가모니 하나님 부처님》의 나뉨으로써 모든 인간들에게 내려와 있다.

『천부경(天符經)』에서 등장하는《만왕만래(萬往萬來)》하는 당체가 이 삼진(三眞) 10이다.

즉, 육도윤회(六道輪廻)하는 인간이 인간의 육신(肉身)을 가지고 태어날 때는 만 번이라도 내려 와서 임하다가 육신(肉身)의 죽음을 맞이할 때는 인간의 육신(肉身)을 떠나 온 곳으로 만 번이라도 떠난다고 하여 붙여진 이름이다.

2) [성(性)의 30궁(宮)]

만물(萬物)은 각각 개체수가 다른 성(性)을 가지고 있다. 이러한 성(性)에 있어서 인간의 성(性)은《양자영(陽子靈) 24》과 《전자영(電子靈) 6》으로써 30궁(宮)을 이루고 있다.

이러한 인간의 성(性)의 30궁(宮)을 '마음(心)의 근본 뿌리'라고 하며 인간 스스로의 본체(本體)로서 죽을래야 죽을 수가 없는 진화(進化)의 당체가 성(性)의 30궁(宮)이다.

이와 같은 성(性)의 30궁(宮)에 있어서 《양자영(陽子靈) 18》를 영(靈)이라고 하며 《양자영(陽子靈) 6》과 《전자영(電子靈) 6》을 영신(靈身)이라고 한다.

인간 육신(肉身)의 죽음 이후, 이러한 영(靈)이 영신(靈身)을 가지고 있기 때문에 차원이 다른 세계에서 또 하나의 자기로 존재하는 당체가 영(靈)과 영신(靈身)임을 석가모니 하나님 부처님께서는 밝히고 계신다.

《게놈 프로젝트》에서 밝히고 있는 염기서열 24계열이 바로 성(性)의 《양자영(陽子靈) 18》과 《영신(靈身)》을 이루고 있는 《양자영(陽子靈) 6》의 합 《양자영(陽子靈) 24》를 말하는 것으로써,

《전자영(電子靈) 6》과 함께 인체내(人體內)의 속성(屬性)인 유전자 4만 개와 100억조(億兆) 개의 세포를 다스리는 주인공이 바로 《성(性)의 30궁(宮)》인 것이다.

이와 같은 《성(性)의 30궁(宮)》에 있어서 《양자영(陽子靈) 6》과 《전자영(電子靈) 6》이 양음(陽陰) 짝을 한 영신(靈身)이 《속성(屬性)》을 다스리고 이러한 《속성(屬性)》이 육근(六根)인 안(眼)·이(耳)·비(鼻)·설(舌)·신(身)·의(意)를 다스리는 주인공이다.

이와 같은 인간의 성(性)의 30궁(宮)이 만들어지기까지는 100억 년(億年)의 진화(進化) 기간이 소요되었음을 석가모니 하나님 부처님께서는 밝히고 계시

는 것이다.

3) [삼진(三眞)과 성(性)의 30궁(宮)과의 관계]

《성(性)의 30궁(宮)》은 영체(靈體)의 진화(進化)를 함으로써 《구석기인(舊石器人)》으로 자리하였을 때가 《성(性)의 30궁(宮)》만으로 《구석기인》이 육신(肉身)을 이루게 된다.

이후 하늘(天)의 불(佛), 보살(菩薩)들께서 《천제(天帝)》, 《한웅(桓熊)》, 《파라오》 등으로 이름하고 《천일궁(天一宮)》으로부터 대거 내려오시어 《구석기인》에게 《삼진(三眞)》을 심으시고 이들을 교화하여 《신석기인》으로 전환케 한 후 이후 농경사회를 열게 하고 문명기(文明期)를 도래하게 한 것이다.

때문에《삼진(三眞)》이 심겨진《신석기인》이후를《인간(人間)》으로 이름하며《구석기인》들은《족(族)》,《무리》등으로써 표현을 하는 것이다.

 삼진(三眞)이《구석기인》에게 심겨진 목적이《구석기인》의 성(性)의 30궁(宮)을《밝음》과《맑음》으로 진화(進化)시켜 궁극적으로《지혜(智慧)의 완성》을 이룸과 동시에 인간 육신(肉身) 진화(進化)의 완성을 이루게 하기 위함이 목적인 것이다.

 인간 육신(肉身) 내(內)에서는《삼진(三眞) 10》과《성(性)의 30궁(宮)》이 모두 40궁(宮)을 이룬 후 삼진(三眞) 중의 진정(眞精)인 중성자영(中性子靈) 6과 성(性)의 30궁(宮)은 36궁(宮)을 이루고 인간의 심장에 자리하며

진명(眞命)인 양전자영(陽電子靈) 2은《양자영(陽子靈)》과《음양(陰陽)》짝을 한 후 36궁(宮)과 작용(作用)을 하면서 들숨(入息)과 날숨(出息)을 주관한다.

《진성(眞性) 1》은 《음양(陰陽)》 분리(分離)되어 《음(陰)의 1》은 《우뇌(右腦)》에 자리하고 《양(陽)의 1》은 왼쪽 눈 동공으로 자리하는 것이며 《진명(眞命) 1》은 오른쪽 눈(眼)의 눈동자로 자리하는 것이다.

이렇게 자리한 《삼진(三眞)》과 《성(性)의 30궁(宮)》의 관계를 《마음(心)》 작용도에서 살펴보면 다음과 같다.

[마음(心) A]의 도형이 날숨(出息) 때의 마음(心)의 작용도(作用圖)이며 [마음(心) B]의 도형이 들숨(入息) 때의 마음(心)의 작용도(作用圖)이다.

도형 내의 전자영(電子靈)과 양전자영(陽電子靈), 양자영(陽子靈), 중성자영(中性子靈)의 수(數)가 거느리는 속성(屬性)인 유전자의 수(數)는 《기초 원소의 수(數)×1000》이다.

[도형] 마음(心) A

날숨 때의 작용도

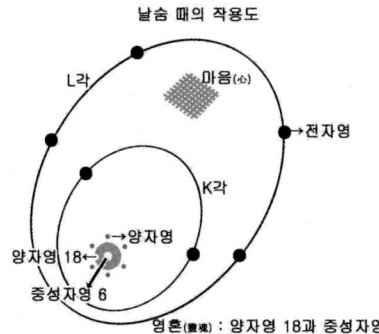

영혼(靈魂) : 양자영 18과 중성자영 6
영신(靈身) : 양자영 6과 전자영 6

[도형] 마음(心) B

들숨 때의 작용도

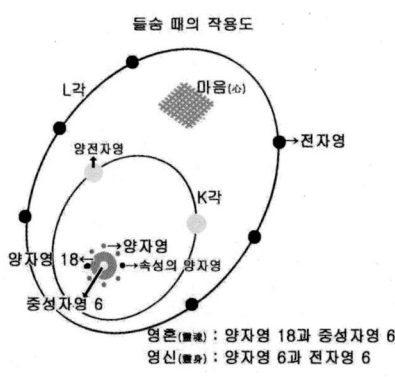

영혼(靈魂) : 양자영 18과 중성자영 6
영신(靈身) : 양자영 6과 전자영 6

인간의 성(性)이 양(陽)의 육신(肉身)을 가졌을 때는 영체(靈體)를 이룬 양자영(陽子靈) 24와 전자영(電子靈) 6이 성(性)의 30궁(宮)을 이루고 《석가모니 하나님 부처님》의 개체의 나눔으로써 삼진(三眞)인 진성(眞性) 1과 진명(眞命) 3과 진정(眞精) 6의 합(合) 10이 만물(萬物) 중에서 유일하게 인간만이 받게 되는 삼진(三眞) 10이 된다.

《진성(眞性)》은 《반중성자(反中性子)》이며 《진명(眞命)》은 《양전자(陽電子)》가 되며 《진정(眞精)》은 《중성자(中性子)》가 된다.

이로써 인간 육신(肉身) 내(內)에는 40궁(宮)을 이루어 영체(靈體)를 이루게 되며 이러한 40궁(宮)×1000이 4만 개의 유전자 수(數)가 된다.

인간의 성(性)은 진정(眞精)인 중성자영(中性子靈)이 합하여져 36궁(宮)을 이루어 《영혼(靈魂)》과 《영신(靈

身)》을 이루고

《삼진(三眞)》중의《진성(眞性) 1》은《음양(陰陽)》분리되어《음(陰)의 진성(眞性) 1》은 우뇌(右腦)에 남고《양(陽)의 진성(眞性) 1》은 왼쪽 눈의 눈동자가 되며,

《진명(眞命) 3》중《진명(眞命) 1》은 오른쪽 눈의 눈동자가 되며《진명(眞命) 2》는 편도에 자리하여《속성(屬性)》의《양자영 2》와《음양(陰陽)》짝을 하여 36궁(宮)과 합하여져 작용(作用)을 하게 된다.

[마음 A] 도형과 [마음 B] 도형은 뇌(腦)와 눈동자에 머물고 있는 진성(眞性) 1과 진명(眞命) 1을 제외한 나머지가 일으키는 작용도(作用圖)이다.

인간의《성(性)의 30궁(宮)》에 있어서《영혼(靈魂)》을 이루는《양자영(陽子靈) 18》은 개체의 양자영(陽子靈)들이 탄소 C의 원자핵(核)의 과정과 산소 O의

원자 핵(核)의 과정을 겪고 삼합(三合) 활동에 의해 《양자영(陽子靈) 18》의 덩어리를 이룬 것으로써 100억 년(億年) 우주 역사의 정보를 담고 있다.

이와 같은 과정을 겪지 않은 개체의 양자영(陽子靈)을 석가모니 하나님 부처님께서는 12인연법에서 무명(無明)이라고 말씀하고 계신다.

이와 같이 삼합(三合)을 한 《양자영(陽子靈) 18》의 주위를 《양자영(陽子靈) 6》과 《전자영(電子靈) 6》이 회전을 하고 있다.

이러한 전자영(電子靈) 6이 성(性)에 따른 명(命)으로써 인간의 육신(肉身)을 떠났을 때 성(性)이 생명력(生命力)을 가지는 이유가 바로 이 전자영(電子靈)인 명(命)의 여섯 때문이며,

육신(肉身) 안의 영체(靈體)를 이루고 있는 일반 전자

영(電子靈)과는 구분이 되는 전자영(電子靈)으로써 일반 전자영(電子靈)보다는 훨씬 더 진화(進化)된 전자영(電子靈)들이다.

　이러한 《전자영(電子靈) 6》과 성(性)의 양자영(陽子靈) 24 중 《양자영(陽子靈) 6》이 음양(陰陽) 짝을 하여 《속성(屬性)》을 두고 관리하는 주인공들이 되는 것이다.

　상기 설명에서 중요한 부분이 《성(性)의 양자영(陽子靈) 24》는 감각 기관을 담당하는 《전자영(電子靈)》의 안쪽에 있게 되므로 모든 일들을 정보로써 알고는 있으나 감각 기관을 벗어난 곳에 있기 때문에 스스로는 감각 기관으로부터 아무런 영향을 받지 않는다는 점이다.

　이러한 양자영(陽子靈) 24는 본래의 선천적인 결합욕(結合慾)을 가지고 있는 관계로 이를 '욕망(慾望)

의 화신'으로도 부른다.

 우주 전체를 꿀꺽 삼켜도 만족하지 않는 선악(善惡)의 분별력도 없는 대단한 욕망체(慾望體)이나 스스로의 바탕은 선(善)한 바탕과 《악(惡)》한 바탕을 동시에 가지고 있는 것이다.

 이러한 《성(性)의 양자영(陽子靈) 24》가 《게놈 프로젝트》에서 이야기하는 《염기서열 24계열》의 주인공이다.

 이와 같은 《성(性)의 30궁(宮)》이 《진정(眞精)》인 《중성자영(中性子靈) 6》과 결합하여 36궁(宮)을 이루고 자리하였을 때가 인간이 육신(肉身)을 가지고 있을 때의 심장 속에서 《영혼(靈魂)》과 《영신(靈身)》을 이루고 있는 때인 것이다.

이와 같은 설명을 염두에 두고 마음(心)의 작용도(作用圖)를 설명 드리겠다.

[마음(心) A] 도형은 인간의 육신(肉身)을 가지고 호흡할 때 날숨(出息)의 작용(作用)을 나타낸 것이다.

인간의 혈액인 흰 핏돌과 붉은 핏돌을 근본진리(根本眞理)에서는 정(精)의 음양(陰陽)이라고 한다.

이러한 정(精)이 심장으로부터 공급받은 산소 O를 꽁무니에 달고 인체 내의 다섯 감각 기관과 연결된 유전인자와 유전인자가 거느린 수많은 세포들이 포진하여 있는 곳을 길을 따라 여행을 한다.

이러한 길의 양 옆에는 감각 기관과 연결된 신경망이 구축되어 있다.

이 길을 따라 여행을 하던 정(精)은 유전인자가 거느린 세포들이 발생시킨 이산화탄소 등을 만나 그곳에서 산소 O를 공급하고 발생된 이산화탄소를 달고 심장 속으로 귀환을 한다. 이러한 정(精)을 일하는 소(牛)로써 비유를 한다.

이러한 정(精)은 심장 속으로 귀환을 한 후 탄소 C의 원자핵(核)의 구조를 가진 6.6구조의 형태를 취한《영신(靈身)》에게 이산화탄소를 들여보내면 이산화탄소는 영신(靈身)의 양자영(陽子靈)들에게 부딪침으로써 정보(情報) 전달을 한 후 날숨(出息)이 되어 인체 밖으로 배출이 된다.

한편, 인체 내에서 신경망을 구축하고 있는 영체화된 전자(電子)들은 감각 기관을 통하여 그들이 가진 정보를 성(性)의 30궁(宮)의 전자영(電子靈) 6에게 부딪침으로써 수시로 정보 전달을 하는 것이다.

이때 6.6구조 형태를 취한 성(性)의 30궁(宮)의 《양자영(陽子靈) 6》과 《전자영 6》이 궤도를 이루고 있는 아래의 《속성》과의 사이에 있는 빈 공간에서 부딪칠 때 발생한 미세한 양자광(陽子光)과 전자광(電子光)이 서로 어우러져 있게 된다.

이렇게 어우러져 있는 《양자광(陽子光)》과 《전자광(電子光)》을 『우파니샤드』[7]에서는 《다르마의 구름》이라고 이름하며 《묘법화경(妙法華經)》에서는 《슬기》라고 이름한다. 이 자체가 마음(心)인 것이다.

이 때문에 《성(性)의 30궁(宮)》과 《중성자영 6》이 결합된 《성(性)의 36궁(宮)》 모두를 마음(心)의 근본 뿌리라고 하는 것이며, 마음(心)을 성(性)의 집(家)이라고 하여 삼가(三家)[8]로 분류하는 것이다.

---

7) 미륵불(2015), (개정판) 우주간의 법 해설 삼일신고(三一神誥), ㈜아나 등.
8) [삼가(三家)]
 미륵불(2015), (개정판) 불교기초교리핵심 81강, ㈜아나, 80쪽.

성(性)의 30궁(宮)은 원천 정보 제공자인 육식(六識)을 거느리고 있는 유전인자와 유전인자들이 거느리고 있는 수많은 세포들을 통제하는 뿌리로써 다섯 감각 기관과 의식을 다스리기 때문에 수행은 원천적으로 마음(心)이 일어나지 않게 하는 수행이 되어야 하는 것이다.

 유전인자 4만 개 중 40궁(宮)을 제외한 유전인자를 덧붙여진 성(性)으로써 속성(屬性)이라고 이름한다.

 이러한 속성(屬性)으로 자리하였던 유전인자들이 육신(肉身) 곳곳에 자리하여 그들이 거느리는 수많은 세포들이 그들로부터 발생되는 이산화탄소를《성(性)의 30궁(宮)》과 부딪침으로써 형성되는 마음(心)은

사실상 속성(屬性)인 유전인자들과 그들이 거느리는《세포군》들이 만들게 되는 마음(心)으로써《속성(屬

性)》이 전달하는 잘못된 어두운 정보는 점점 더 어두운 마음(心)을 만들게 되는 것이다.

 이러한 어두운 마음(心)이《감각기관》인 여섯 뿌리를 통하여 우뇌(右腦)에 있게 되는 진리(眞理)의 대명사인 세 가지 참됨 중의《진성(眞性)》과《진명(眞命)》에 전달되었을 때 당연히 진리(眞理)는 이것을 거부하게 되는 것이다.

 이렇게 망령된 마음(心)이 우뇌(右腦)의《음(陰)》의 진성(眞性) 1과 진명(眞命) 1을 괴롭힐 때 이것을 거부하는 형태가 머리 아픔으로 되어 드러나게 되는 것이다.

 이와 같이 망령된 마음(心)이 우뇌(右腦)의 진리(眞理)를 괴롭히는 것을 번뇌(煩惱)라고 하는 것이다.

마음을 일어나게 하는 주인공인 날숨(出息)과 진정(眞精)인 《중성자영 6》과 결합한 《성(性)의 30궁(宮)》이 36궁(宮)이 되어 6.6구조인 탄소C 원자핵(核)의 구조를 갖출 때가 인간의 오장육부와 육신(肉身)의 진화(進化)를 담당하는 탄소 C의 순환의 길을 주도하는 것이다.

[마음(心) B] 도형은 인간의 육신(肉身)을 가지고 호흡할 때 들숨(入息)의 작용(作用)을 나타낸 것이다.

이때의 성(性)으로서의 36궁(宮)은 산소 O의 원자핵(核)의 구조인 8.8의 구조를 갖추게 되어 산소 O를 호흡하는 체제를 갖춤으로써

산소 O를 호흡기를 통하여 받아들여 날숨(出息) 때에 이산화탄소를 떼어 놓은 일하는 소(牛)인 정(精)에게 다시 산소 O를 공급하여 육신(肉身) 구석구석 길을 따라 여행을 하게 하는 것이다.

산소 O 역시 성(性)의 30궁(宮)과 부딪쳐 생명력(生命力)을 불어 넣고 순화된 마음(心)을 만들게 된다.

 궁극적으로 마음(心)은 날숨(出息) 때에 만들어진 마음(心)과 들숨(入息) 때에 만들어지는 마음(心)이 혼재되어 있는 곳으로써

마음(心) 자체의 밝고 어두움의 차이는 날숨(出息)과 들숨(入息) 때에 만들어진 《다르마(dharma)의 구름》 또는 《슬기》의 비율에 따라 결정이 되는 것이다.

 더러 분노가 치솟을 때 심호흡을 하게 되면 약간 진정되는 이유도 여기에서 기인한다.

 [마음(心) B] 도형의 특이한 점은 성(性)으로서의 36궁(宮)이 산소 O의 원자핵(核)의 구조와 같은 8.8의 구조를 이룰 때

전자영(電子靈)이 이루는 궤도에 있어서 K각을 이루는 내부에 진명(眞命)인 양전자영(陽電子靈) 2가 임하여 양자영(陽子靈) 8과 양전자영(陽電子靈) 2와 전자영(電子靈) 6의 합(合) 8이 8.8의 구조를 이루게 됨으로써 산소 O의 생명력(生命力)을 더욱 밝게 한다는 사실이다.

 진명(眞命)인 양전자영(陽電子靈)은 전자영(電子靈)이 진화(進化)된 반전자(反電子)로서 이를 원천 명(命)이라고 하는 것이다.

 이러한 진명(眞命) 둘은 날숨(出息)의 구조로 36궁(宮)이 바뀔 때는 순간적으로 《편도》에 들어가 결합하는 것으로 알려져 있다.

 그리고 다시 들숨(入息)의 구조로 바뀔 때〔마음 B〕도형과 같이 8.8의 구조를 이루게 되는 것이다.

결과적으로 숨(息)의 출입(出入)은 성(性)으로서의 36궁(宮)이 양전자영(陽電子靈)인 진명(眞命) 2와 함께 벌이는 작용(作用)인 것이다.

 마음(心)을 일어나게 하는 주인공 중의 들숨(入息)과 성(性)으로서의 36궁(宮)과 진명(眞命) 2가 이루는 8.8의 구조가 산소 O의 원자핵(核)의 구조를 갖출 때는 인간의 뇌(腦)의 부분과 인간을 지탱하는 뼈의 부분을 담당하는 산소 O의 순환의 길을 주도하는 것이다.

4) [지일(地一)의 7성(星)]

 지일(地一)의 7성(星)은 우리들의 《태양계(太陽界)》의 《태양성(太陽星)》, 《수성(水星)》, 《금성(金星)》, 《토성(土星)》, 《천왕성(天王星)》, 《해왕성(海王星)》, 《명왕성(冥王星)》 등을 말한다.

[10] 太陽仰明
태양앙명
(4)

※ 글자 수(數) 4의 수리(數理)는 《1-3의 길》을 뜻하는 수리(數理)이다.

『직역(直譯)』

『태양(太陽)을 우러러 밝음에 듦으로써
《1-3의 길》을 따라 들어가』

『의역(意譯)』

※ 《1-3의 길》은 《시계 방향 회전길》로써 《천(天)의 우주》길이 되며 이를 『《순리(順理)》를 따라 돌아서 가는 길』로 표현을 하며,

《태양(太陽)》을 우러러 밝음에 든다 함은 《성(性)의 30궁(宮)》이 《지혜(智慧)》의 완성을 이루어 《맑고》《밝음》을 완성한다는 뜻이 된다. 이러한 뜻을 감안한 《의역(意譯)》은 다음과 같다.

『<u>《성(性)의 30궁(宮)》이
《지혜(智慧)》의 완성(完成)을 이루어
《순리(順理)》를 따라 돌아서 들어가</u>』

『해설(解說)』

《성(性)의 30궁(宮)》이 《맑고》《밝음》을 완성하는 《지혜(智慧)》의 완성의 경지가 《인간완성(人間完成)》의

부처(佛)를 이룬 《아라한(阿羅漢)》의 경지로써 《보살도(菩薩道)》 성취의 《보살(菩薩)》의 경지도 되며

이러한 《보살(菩薩)》은 《보살마하살(菩薩摩訶薩)》의 경지를 거쳐 순리(順理)를 따라 돌아서 《일불승(一佛乘)》의 자리로 나아가는 것이다.

[11] 人中天地一
인중천지일
(5)

※ 글자 수(數) 5의 수리(數理)는 《순리(順理)》를 따르는 《시계 방향》 회전길인 《1-3-1의 길》을 뜻하는 수리(數理)이다.

『직역(直譯)』

『인(人)의 우주 가운데서
천(天)의 우주와 지(地)의 우주가
하나가 되어 《1-3-1의 길》을 따라』

『의역(意譯)』

※ 《1-3-1의 길》은 『《순리(順理)》를 따르는 《시계 방향》 회전 길을 따라』라는 뜻을 가지고 있다. 이러한 뜻을 감안한 《의역(意譯)》은 다음과 같다.

『인(人)의 우주 가운데서
천(天)의 우주와 지(地)의 우주가
하나가 되어
《순리(順理)》를 따르는
《시계 방향》 회전길을 따라』

『해설(解說)』

※ 《천(天)》·《인(人)》·《지(地)》의 우주 설명은 「[

6] 대삼합 육생칠팔구(大三合 六生七八九)」편에 충분히 하였으니 참고하시고 《1-3-1의 길》회전길에 대한 상세한 설명은 「[2] 석삼극 무진본(析三極 無盡本)」편을 참고하시기 바란다.

[12] 一終無終一
일종무종일
(5)

※ 글자 수(數) 5의 수리(數理)는 《순리(順理)》를 따르는 《시계 방향》 회전길인 《1-3-1의 길》 운행(運行)이 끝남을 뜻하는 수리(數理)이다.

『직역(直譯)』

『 《법공(法空)》 진화(進化)의 끝남이 없는 끝남이
다시 《법공(法空)》으로 돌아가니
《1-3-1의 길》 운행(運行)도 끝이 나는 것이다.』

『의역(意譯)』

※ 《1-3-1의 길》 운행(運行)은 《순리(順理)》를 따르는 《시계 방향》 회전 길 운행(運行)을 말한다. 이와 같은 뜻을 감안한 《의역(意譯)》은 다음과 같다.

『 <u>《법공(法空)》 진화(進化)의</u>
<u>끝남이 없는 끝남이</u>
<u>다시 《법공(法空)》으로 돌아가니</u>
<u>《순리(順理)》를 따르는</u>
<u>《시계 방향》 회전길 운행(運行)도</u>
<u>끝이 나는 것이다.</u>』

『해설(解說)』

1) 법공(法空)

법공(法空)은 휴식기의 법공(法空)과 진화기(進化期)의 법공(法空) 등 두 경우가 있다.

이러한 두 경우 중 진화기(進化期)의 법공(法空)을 설명 드리면 법공(法空) 내부의 중앙점(中央點)으로부터 법공(法空) 크기의 40%부분이 현재의 우주와 미래세(未來世) 우주의 모든 별(星)들과 이러한 별(星)들을 내부에서 안고 있는 바탕이 되는《대공(大空)》의 영역이 된다.

대공(大空) 바깥은 법공(法空) 크기의 58%에 달하는 두터운《암흑물질》층이 존재하며 이러한 암흑물질층 바깥이 법공(法空) 크기의 2%에 달하는 불꽃 없는 불의 수레바퀴와도 같은《적멸보궁(寂滅寶宮)》이 도사리고 있다.

이와 같은 법공(法空)의 바깥은 법공(法空) 크기의 60배에 달하는 어머어마한 보물 창고의 영생을 하는 우주(宇宙)가 펼쳐져 있음을 석가모니 하나님 부처님께서는 밝히고 계신다.

 법공(法空) 자체의 진화(進化)는 이번 진화기를 모두 마치고 나면 여섯 번째 진화기(進化期)가 끝이 나며,

 이러한 법공(法空) 자체는 사실상 석가모니 비로자나 하나님 부처님의 몸이신 것이며,

진화(進化)의 궁극적인 목적은 《절대 온도》를 가진 《순수 공(空)》을 《고열(高熱)》을 가진 《진공(眞空)》으로 진화(進化)시키는 가운데 발생한 《암흑물질》내부에 갇혀있는 중생 구원과 《암흑물질》을 양(陽)의 세계로 끌어내어 법공(法空) 전체가 금강궁(金剛宮)을 이룸으로써 법공(法空) 바깥의 보물 우주(宇宙)의 변화 없는 영원한 태양궁(太陽宮)으로 자리하는 것이다.

이러한 일환이 법공(法空) 내부의 진화(進化)인 것이다. 이와 같은 헤아릴 수 없는 법공(法空) 바깥의 보물 우주는 뒤로 하고 인간들과 관계되는 법공(法空)의 진화(進化)부터 살펴보기로 하자.

(1) 법공(法空)의 1회(回) 진화(進化)의 주기 정리

법공(法空)의 1회(回) 진화(進化)의 주기 정리

1. 팽창기 :	(지구계 시간 기준)	460억	년
	(우주 전체 시간 기준)	4,600억	년
2. 수축기 :	(지구계 시간 기준)	140억	년
	(우주 전체 시간 기준)	1,400억	년
3. 붕괴기 :	(지구계 시간 기준)	300억	년
	(우주 전체 시간 기준)	3,000억	년
4. 휴식기 :	(지구계 시간 기준)	100억	년
	(우주 전체 시간 기준)	1,000억	년
※ 합 계 :	(지구계 시간 기준)	1,000억	년
	(우주 전체 시간 기준)	10,000억	년

법공(法空)의 1회(回) 진화(進化)의 주기는 지구계 기준 시간 1,000억 년이며 전체적인 우주로 볼 때는 10,000억 년(億年)이 된다.

지구계 기준 시간은 전체 법공(法空)의 중심(中心)으로써 0(ZERO) 지점의 시간이 된다.

이와 같은 법공(法空)의 진화(進化)는 만억 년(萬億年)을 1주기로 하여 일만 회(一萬回)가 계속될 것임을 석가모니 하나님 부처님께서는 밝히고 계시는 것이다.

(2) 휴식기의 법공(法空)

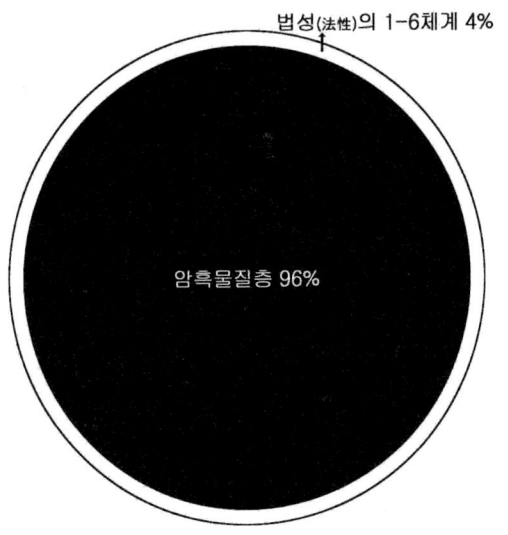

1회(回) 진화기(進化期)의 끝부분이 휴식기에 해당한다. 이러한 휴식기는 지구계 시간으로는 100억 년(億年)이며 전체적인 우주의 시간은 1,000억 년(億年)이 되는 것이다.

이러한 휴식기의 법공(法空)의 이해를 위해 〔휴식

기 법공도(法空圖)]를 참고하여 설명을 드리겠다.

 휴식기의 법공(法空)은 법공(法空) 내부에 있던 모든 별(星)들의 우주가 붕괴되어 모두 암흑물질로 돌아가게 되고 그 두터운 암흑물질층 외곽을 법성(法性)이 둥글게 감싸고 있는 것이다.

 즉, 이때의 법공(法空)은 법성(法性)의 1-6체계와 암흑물질이 음양(陰陽) 짝을 하여 법공(法空)을 이루고 있는 것이다.

 비유를 하면, 거대한 둥근 기체의 다이아몬드 구(球)의 내부에는 검은 암흑물질이 가득 차 있는 형국이다.

 이때의 법성(法性)의 자리는 무색투명한 기체의 다이아몬드층이며 고열(高熱)을 가진 불꽃 없는 불(

火)의 바퀴로써 그 표면에는 잔잔한 섬광이 톡톡 튀듯이 원초의 빛을 발(發)하는 상태로 있기 때문에 이를 《법성(法性)의 1-6체계》라고도 하는 것이다.

이러한 법공(法空) 자체가 석가모니 비로자나 하나님 부처님의 몸(身)인 것이다.

법공(法空) 내부에서 이번 우주(宇宙)의 진화(進化)가 시작되기 이전의 법공(法空)의 법성(法性)과 암흑물질의 비율은 법공(法空) 전체 크기를 100으로 보았을 때 법성(法性)이 4%이며 암흑물질이 96%가 된 가운데 이번 우주 진화기가 시작이 된 것이다.

(3) 진화기(進化期)의 법공(法空)

휴식기가 끝이 난 법공(法空)은 다음 진화(進化)를

위해 파동(波動)을 하게 된다.

　이러한 파동(波動)에 의해 나타나는 현상이 법성(法性)의 1-6 체계가 흐트러지면서 측정이 불가능한 미세한 이합(二合)의 진공(眞空) 구슬들이 비유를 하자면 유리구슬처럼 만들어진 후 암흑물질 중 가벼운 것과 첫 삼합(三合)을 하게 된다.

　이렇게 만들어진 미세한 진공(眞空)의 유리구슬이 유리구슬 내부의 진공(眞空)은 고열(高熱)을 가진 진성광(眞性光)의 원초의 빛이 자리하고 외곽 유리구슬 테두리는 진명광(眞命光)의 원초의 빛이 둘레를 하는 것이다.

　이와 같은 진성광(眞性光)의 원초의 빛과 진명광(眞命光)의 원초의 빛이 양음(陽陰) 짝을 한 상태의 진공(眞空) 구슬을 《여섯 뿌리 진공(眞空)》이라고 한다.

이러한 《여섯 뿌리 진공(眞空)》을 《진공(眞空) 뿌루샤(Purusha)》라고도 한다.

《뿌루샤(Purusha)》라는 용어(用語)는 『우파니샤드』에서 빌려온 용어(用語)로써 《오래 전에 불태워진 자》라는 뜻 말을 가지고 있다.

이와 같은 첫 삼합(三合)을 한 《진공 뿌루샤》를 석가모니 하나님 부처님께서는 《여섯 뿌리 진공(眞空)》이라고 하시는 것이다.

이러한 여섯 뿌리 진공(眞空)은 사선근위(四善根位)의 세제일법(世第一法)의 다섯 진공(眞空) 뿌루샤가 암흑물질 가벼운 것과 첫 삼합(三合)을 한 것을 말하는 것이다.

즉, 고열로 응축된 법성(法性)의 표면을 《난법(煖

法)》으로 말씀하시고,

법성(法性)의 파동(波動)을 《정법(頂法)》이라고 말씀하셨으며,

이러한 파동(波動)에 의해 법성(法性)의 1-6체계가 분리되어 넷의 미세한 유리구슬이 되어 흩어져 흩어졌던 각각이 셋의 미세한 유리구슬로 분리된 ∓12의 순수 공(空)의 과정을 거치는 것을 《인법(忍法)》이라고 말씀하시고,

이후 음양(陰陽) 짝을 하여 다섯의 이합(二合)의 진공(眞空) 뿌루샤를 이루었을 때를 《세제일법(世第一法)》의 단계로 말씀하심으로써

이들 4단계를 《사선근위(四善根位)》라고 하는 것이다.

이렇게 하여 법성(法性)의 자리에서 파동(波動)에 의해 탄생된 세제일법(世第一法)의 과정을 거친 다섯

진공(眞空) 뿌루샤가 암흑물질의 가벼운 것과 첫 삼합(三合)을 하는 가운데

세제일법(世第一法)의 과정을 거친 진공(眞空) 뿌루샤로 가득 채워진 법성(法性)의 자리에서 서서히 회전(回轉)이 일어나면서

법공(法空) 내부의 암흑물질층의 법공(法空) 크기의 40%되는 지점으로 세제일법(世第一法)의 과정을 거친 이합(二合)의 진공(眞空) 뿌루샤와 암흑물질 가벼운 것과 첫 삼합(三合)을 한 여섯 뿌리의 진공(眞空) 뿌루샤가 혼재가 되어 분출이 되는 것이다.

이러한 법공(法空) 내부로 분출이 될 때 법성(法性)의 자리가 1이 되고 분출되어 도착하여 공(空)을 이룬 지점이 3이 되어 시계 방향의 회전(回轉)길인 1-3의 길이 이때 처음 생기게 된 것이며,

이러한 분출에 의해 개천이전(開天以前)에 이미 석가모니 하나님 부처님 화(化)의 법궁(法宮)인 정명궁(正

明宮)이 태어나 이후의 우주 진화(宇宙進化)를 주도하시며 이후 현존우주(現存宇宙)가 있게 되는 것이다.

 이때 법성(法性)의 자리로부터 법공(法空) 내부로 분출된 진공(眞空) 뿌루샤들이 법성(法性)이 차지하던 법공(法空) 크기의 4% 중 3%가 법공(法空) 내부의 암흑물질층으로 분출이 된 것이며

법성(法性)의 자리에는 1%가 남아 남은 진공(眞空) 뿌루샤가 삼합(三合) 활동을 하여 여섯 뿌리의 진공(眞空)으로 변화됨으로써 비로소 진성광(眞性光)과 진명광(眞命光)이 양음(陽陰) 짝을 한 적멸보궁(寂滅寶宮)을 이루어 거대한 불(火)의 바퀴를 이루고 자리한 것이다.

 이로써 《진화기(進化期)의 법공(法空)》은 법공(法空)의 중심부로부터 법공(法空) 크기의 40%부분이 《현존우주(現存宇宙)》와 현존우주를 바탕하며 경계하는 《대공(大空)》의 영역이 되고,

대공(大空) 바깥은 두터운 《암흑물질층》이 법공(法空) 크기의 58%에 달하는 영역을 차지하고 있으며,

그 밖의 법공(法空) 크기 2% 부분이 불(火)의 수레

진화기 법공도(法空圖)

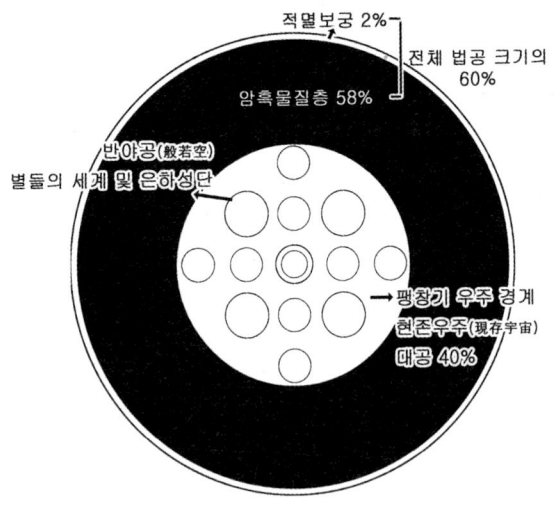

바퀴인 《적멸보궁(寂滅寶宮)》이 되어 자리하고 있는 것이다.

　　그러면 지금까지 진화기(進化期)의 법공(法空) 설명 내용을 간단한 도형으로 살펴보기로 하자.

2) 《대공(大空)》

　《법공(法空)》단면적의 둘레는 약 《7,160광년(光年)》이며,

《법공(法空)》이 진화기에 들어서면 《법공(法空)》크기의 40%에 달하는 단면적 둘레가 《5,275.2광년(光年)》되는 《대공(大空)》을 《법공(法空)》내부에 만들게 된다.

이러한 《대공(大空)》을 만들기까지 《법공(法空)》 외곽에 자리한 무색투명한 고열을 가진 《세제일법 진공(眞空)》이 《암흑물질》과 결합하여 고열을 가진 《여섯 뿌리 진공(眞空)》으로 바뀌어 《대공(大空)》의 경계를 만듦으로써

《대공(大空)》 내(內)에는 《법공(法空)》 크기의 《40%》가 되는 《암흑물질》이 가득 차게 되는 것이다.

이와 같이 《대공(大空)》이 만들어지기 까지는 《순수 진공(眞空)》인 《세제일법 진공(世第一法眞空)》과 《여섯 뿌리 진공(眞空)》이 음양(陰陽) 짝을 한 《진공(眞空)》의 진화(進化) 기간이 되며,

《대공(大空)》 내(內)에서는 《여섯 뿌리 진공(眞空)》이 《암흑물질》과 결합하여 《여섯 가지 진공(眞空)》을 이루고

이러한 《여섯 뿌리 진공(眞空)》과 《여섯 가지 진공(眞空)》이 음양(陰陽) 분리되어 넷을 이루고

이와 같은 넷이《암흑물질》음양(陰陽) 둘과 합(合)
여섯이 되어 결합하여 진화(進化)를 하게 되는데,

이러한《대공(大空)》속의 진화(進化)를《반야공(般若
空)》진화(進化)라고 하며

이와 같은《반야공(般若空)》진화(進化)의 결과(結果)로
써 나타나는 것이《우주간(宇宙間)》과《세간(世間)》에
드러나는 현존 우주 별들의 세계와《현상세계(現像
世界)》인 것이다.

⑴《대공(大空)》속의 진화(進化)

《대공(大空)》속 진화(進化)의 대표되는 것이《색수
상행식(色受相行識)》등《오온(五蘊)》의 진화(進化)가 첫
진화(進化)가 되며,

《색(色)》의 단계가 개체의《여섯 뿌리 진공(眞空)》

과 개체의 《암흑물질》이 음양(陰陽) 짝을 하여 《반야공(般若空)》을 이루고 이로써 서로 받아들이는 《수(受)》의 과정과 색깔·모양이 결정되는 《상(相)》의 과정과 이들 간에 셋이 모여 하나를 이루는 《삼합(三合)》의 과정인 《행(行)》의 과정과 이로써 탄생하는 《식(識)》의 과정을 《오온(五蘊)》[9]의 과정이라 하며

이러한 《식(識)》이 현대 과학 용어로 《글루볼(gluebal l)》과 《쿼크(quark)》가 음양(陰陽) 짝을 한 《알음알이》라고 하며

이러한 《알음알이》가 여섯 번째로 셋이 모여 하나를 이루는 삼합 작용(三合作用)을 한 끝에 탄생하는 것이 만물(萬物)의 씨종자로써 《중성자(中性子)》, 《양자(陽子)》, 《중간자(中間子)》, 《양전자(陽電子)》, 《전자(電子)》 등 다섯 기초 원소를 탄생시키는 것이다.

이와 같은 《다섯 기초 원소》 역시 《반야공(般若空)

---

9) [오온(五蘊)]
미륵불(2016), (최종개정판) 우주간의 법 해설 정본(正本) 반야바라밀다심경, ㈜아나 등.

》들인 것이며,

《다섯 기초 원소》 탄생 이후 《영체진화(靈體進化)》와 《고체진화(固體進化)》로 갈라지게 되는데,

《영체진화(靈體進化)》를 집중적으로 설명하면, 다섯 기초 원소 중 《중간자(中間子)》는 변환 과정에 있는 기초 원소로써 이를 제외한 《중성자(中性子)》와 《양전자(陽電子)》는 《양자(陽子)》와 《전자(電子)》의 진화(進化)를 도우기 위해 탄생한 기초 원소로써 정작 진화(進化)의 대상은 《양자(陽子)》와 《전자(電子)》인 것이다.

이와 같은 《기초 원소》 중 《영체(靈體)의 진화(進化)》를 하는 기초 원소는 《석가모니 하나님 부처님》의 법왕궁(法王宮)에서 《석가모니 하나님 부처님》의 정명(正命)인 《양전자(陽電子)》를 받아

이러한 《양전자(陽電子)》가 《중성자(中性子)》와 《양자(陽子)》와 《양전자(陽電子)》와 《전자(電子)》를 둥글게

감싸면《생명력(生命力)》을 얻어

《중성자영(中性子靈)》과《양자영(陽子靈)》과《양전자영(陽電子靈)》과《전자영(電子靈)》으로 전환이 된다.

이렇게《생명력(生命力)》을 얻은《영(靈)》들 중《중성자영(中性子靈)》과《양전자영(陽電子靈)》이《불성(佛性)》을 이루고

정작 진화(進化)의 대상은《양자영(陽子靈)》과《전자영(電子靈)》으로써《영체진화(靈體進化)》를 하는 만물(萬物)의 씨종자가 되는 것이다.

이러한《양자영(陽子靈)》과《전자영(電子靈)》이 양음(陽陰) 짝을 하여 오랜 기간 같은《성질(性質)》을 가진 것끼리 이합집산(離合集散)을 계속한 후

음양(陰陽)의《곤충 영신(靈身)》과 음양(陰陽)의《어패류·물고기 영신(靈身)》과 음양(陰陽)의 짐승 영신(靈身)

등 여섯 종류의 영신(靈身) 진화(進化)를 오래도록 한 끝에

《성(性)의 30궁(宮)》을 가진 《구석기인》으로 진화(進化)를 한다.

⑵ 《삼진(三眞)》과 《성(性)의 30궁(宮)》

이러한 《구석기인》들을 《신석기인》들로 전환시키기 위해 《지구계(地球界)》 시간 BC 8000년부터 AD 2000년까지 1만년 기간을 주기로

《석가모니 하나님 부처님》께서 인간 육신(肉身)을 가진 《인간신(人間神)》들을 작은곰자리(Little Bear) 성단(星團)에 있는 선천우주(先天宇宙) 양(陽)의 하늘(天)인 천일궁(天一宮)에서 대거 《지상(地上)》으로 내려오게 하여

《석가모니 하나님 부처님》의 《삼진(三眞) 10》을 구석기인 《성(性)의 30궁(宮)》에 심어 《성(性)의 30궁(宮)》 진화(進化)를 돕게 하는 것이다.

즉, 구석기인의 《성(性)의 30궁(宮)》은 《양자영(陽子靈) 18》이 중심 《영(靈)》으로 자리하고 그 외곽에 《양자영(陽子靈) 6》과 《전자영(電子靈) 6》이 《영신(靈身)》이 되어 《영(靈)》을 중심으로 회전(回轉)하며 《구석기인》 심장에 자리하던 것을

삼진(三眞)인 [진성(眞性) 1]과 [진명(眞命) 3]과 [진정(眞精) 6]을 《구석기인》들에 심어 《성(性)의 30궁(宮)》의 진화(進化)를 돕기 위해 《삼진(三眞) 10》을 심게 됨으로써

비로소 《구석기인》은 《인간(人間)》이 되어 인간들에게는 《성(性)》의 《40궁(宮)》이 되어 자리함으로써 《영(靈)》은 《영혼(靈魂)》이 되는 것이다.

이러한 《삼진(三眞)》의 《진성(眞性)》이 《반중성자(反中性子)》이며 진명(眞命)은 《양전자(陽電子)》이며 《진정(眞精)》은 《중성자(中性子)》이다.

　이와 같은 《삼진(三眞) 10》은 인간이 육신(肉身)을 가지고 있을 때는 인간들에게 자리하게 되나

육신(肉身)의 죽음 때 《삼진(三眞) 10》은 그동안 진화(進化)된 《성(性)의 30궁(宮)》과 다시 분리되어 《석가모니 하나님 부처님》 법왕궁(法王宮)으로 되돌아가는 당체로써

인간 윤회(輪廻) 때마다 똑같은 《삼진(三眞) 10》이 되돌아오는 성질을 가진 당체로써 이를 《천부경(天符經)》에서는 《만왕만래(萬往萬來)》하는 당체라고 하며

인간 육신의 죽음 이후는 다시 진화(進化)된 《성(性)의 30궁(宮)》으로 다시 남게 되는 것이다.

이로써 《반야공(般若空)》인 《양자영(陽子靈)》과 《전자영(電子靈)》이 음양(陰陽) 짝을 하여 진화(進化)를 한 끝에 오늘을 살고 있는 《인간(人間)》들로 태어나기까지가 《100억 년(億年)》 진화(進化)의 기간이 소요(所要)되었기 때문에 《인간(人間)》이 만물(萬物) 중 제일 수승하다고 하며

이렇듯 《인간(人間)》은 실체(實體)가 있은 적이 없는 《인연(因緣)》 화합의 결과로써 태어났음을 《석가모니 하나님 부처님》께서는 설파를 하고 계시며

인간이 육신(肉身)의 죽음 이후 계속 윤회(輪廻)를 하는 이유가 여러분들의 《영(靈)》과 《영신(靈身)》이 《밝음》과 《맑음》의 진화(進化)를 완성한 《인간완성(人間完城)》을 이룰 때까지 윤회(輪廻)를 계속한다는 사실을 인간들은 알아야 하는 것이다.

이러한 윤회(輪廻)의 고리를 빨리 끊는 방법(方法)이 《영(靈)》과 《영신(靈身)》의 《밝음》과 《맑음》을 빨리 완성하여 법신(法身)·보신(報身)·화신(化身) 등 삼신

(三身)을 가진 인간들이 그의 법(法)의 몸(身)인 법신(法身)으로 불리는 저 공간의《별(星)》들인《열반성(涅槃城)》에 들어가는 길 밖에는 없는 것이다.

여러분들의《영신(靈身)》이 진화(進化)의 과정에서 얻은《보신(報身)》이며 인간들의 육신(肉身)이《화신(化身)》으로써 이와 같은 육신(肉身)에 대한 집착(執着)이 곧 나(我)에 대한 집착(執着)이 된다.

이러한 나(我)에 대한 집착이《탐욕》과《성냄》과《어리석음》을 불러 들여 여러분들의《영(靈)》을《어둡게》만들고《영신(靈身)》을《탁하게》함으로써

비유를 하면 검은 뱀이 기름구덩이에 빠져 흐느적거리듯

지금까지 진화(進化)의 법칙 중 하나인 윤회(輪廻)의 법칙을 외면한 채 살아온 탓에

여러분들의 《영(靈)》은 《어두워》지고 《영신(靈身)》은 더욱더 《탁해져》 삼악도(三惡道)인 《지옥(地獄)》, 《아귀(餓鬼)》, 《축생(畜生)》계를 헤메이게 되는 것이다.

(3) 《정진(精進)》

이와 같은 《악도(惡道)》를 끊어내고자 하면 먼저 복식호흡(腹式呼吸)으로 《석가모니 하나님 부처님》 명호(名號)를 시간 있는 대로 부르는 이것이 《참회기도》[10]로써,

하루 중 일정한 시간 동안 용맹정진을 한 열흘간 하게 되면 그대들은 많은 눈물을 흘리게 되는데, 이는 그대들의 무거운 업장이 차츰차츰 녹아 나오는 현상이므로 당황하지 말고

---

10) [참회기도]
http://brahmanedu.org/hanguk/materials/summary/90.html

하루 중 일정한 시간을 조용한 곳에 앉아 열심히 정진(精進)하는 삶을 살면 그대들의 《영신(靈身)》은 《맑음》을 찾게 되고

이러한 도중에서라도 《석가모니 하나님 부처님》께서 가르치시는 《묘법화경(妙法華經)》을 반복적으로 이해가 될 때까지 공부를 하면 그대들 《영(靈)》들은 밝아져 숙세에 쌓아온 업장을 모두 정리하고

《묘법화경(妙法華經)[11]》 정진을 계속하면 그대들의 《영(靈)》과 《영신(靈身)》은 밝고 맑아져 윤회(輪廻)의 고리를 끊어내고 새로운 진화(進化)의 길에 들어갈 것임을 믿어 의심하지 않는 바이오니 그렇게들 정진(精進)하시기 바란다.

이러한 정진(精進)에서 《영신(靈身)》의 맑음을 먼저

---

11) 미륵불(2018), 菩薩佛敎 묘법화경 上, ㈜아나
　　미륵불(2018), 菩薩佛敎 묘법화경 下, ㈜아나
　　미륵불(2018), 菩薩佛敎 묘법화경해설 1, ㈜아나
　　미륵불(2018), 菩薩佛敎 묘법화경해설 2, ㈜아나
　　미륵불(2018), 菩薩佛敎 묘법화경해설 3, ㈜아나
묘법화경 출간 법회 동영상 :
http://brahmanedu.org/hanguk/books/saddharmaka.html

추구하고 다음으로《영(靈)》의 밝음을 추구하는 것이 옳으며

진정한 참회기도를 위해《보살도(菩薩道)》에서 갖추어야 될 8가지 길과 실천행으로써《육바라밀(六波羅蜜)》의 대의(大意)를 밝히면 다음과 같다.

[팔정도(八正道)]

정견(正見) : 무엇이든지 바르고 옳게 보는 것.
정사유(正思惟) : 올바르게 생각하는 것.
정어(正語) : (거짓이 없는) 바른 말
정업(正業) : (나쁜 행동을 하지 않는) 바른 행동
정명(正命) : (비겁하지 않고) 올바르게 목숨을 유지하는 것.
정정진(正精進) : 바르게 앞으로 나아가는 것.
정념(正念) : 올바로 기억하고 생각하는 것.
정정(正定) : 바르게 머무는 것.

다음으로 《실천행》으로써 《육바라밀행(六波羅蜜行)》의 대의(大意)를 밝혀 드리면 다음과 같다.

『베품으로써 착함(善)의 근본을 쌓고 계율을 지키되,

살생(殺生)하지 말고 질투·간탐하지 말고 사음(邪婬)을 하지 말며 거짓되고 망령된 말을 하지 말 것이며, 술(酒)을 마시지 말 것 등 오계(五戒)를 지키고 욕되는 것은 참고 견뎌야 하며,

자신의 《성(性)》의 밝음을 위해 끊임없이 노력하고,

고요히 머무는 수행을 즐거이 하며,

《밝음》의 《슬기》를 완성하면 순리(順理)를 따라 돌아서 천궁(天宮)으로 들어가게 된다.』

이러한 《구족행(具足行)》과 《실천행(實踐行)》을 항상 지님으로써 여러분들의 《영(靈)》과 《영신(靈身)》의 《밝음》과 《맑음》을 완성함으로써 성불(成佛)의 길로 나아가게 되는 것이다.

[13] 천부경(天符經) 『직역(直譯)』

> **一始無始一**
> 일시무시일

하나의 시작이 없는 시작이

하나가 되어

1-3-1의 길을 이루고

> **析三極 無盡本**
> 석삼극 무진본

(하나가) 셋으로 나뉘어진 끝에

씨앗이 다하여 없어져

상천궁(上天宮)《여섯 뿌리》우주가 탄생이 되어

> 天一一 地一二 人一三
> 천일일 지일이 인일삼

천일일(天一一), 지일이(地一二), 인일삼(人一三)

우주(宇宙)를 만들고

《태양수(太陽數) 9》를 가진

《태양성(太陽星)》을 탄생시켜

> 十鉅一積 無匱化三
> 십거일적 무궤화삼

열(十)을 크게 하여 하나(一)를 쌓고

빈 궤가 세 번 변화하여

8의 우주(宇宙) 핵(核)을 탄생시킴으로써

> 天二三 人二三 地二三
> 천이삼 인이삼 지이삼

《천이삼(天二三)》,《인이삼(人二三)》,
《지이삼(地二三)》 우주(宇宙)가 자리하고
《태양수(太陽數) 9》를 가진
《태양성(太陽星)》들이 탄생되어

大三合 六生七八九
대삼합 육생칠팔구

대삼합을 한 결과,
6의 우주(宇宙)들을 탄생시켜
7, 8, 9의 우주(宇宙)가 만들어지는 가운데
8의 우주인 우리들《태양계(太陽界)》에서는

運三四 成環五七
운삼사 성환오칠

《노사나불(盧舍那佛)》《진신삼성(眞身三星)》과
《석가모니 하나님 부처님》《진신사성(眞身四星)》이
둥근 원(圓)의 고리를 이루고

《1-4의 길》 운행을 하게 되면

《지일(地一)》의 나머지 행성(行星)들이 자리하여

《지(地)의 우주》 운행길을 따르는 가운데

一妙衍 萬往萬來用
일묘연 만왕만래용

하나의 묘한 남음이

만 번 갔다가 만 번 오는 움직임을

《우리들 태양계(太陽界)》에서 일으킴으로써

變不動本 本心本
변부동본 본심본

변하지 아니하는 움직이는 근본 뿌리가

본래 《마음(心)》의 근본 뿌리이며,

지일(地一)의 7성(星) 무리들도 마찬가지로써

> **太陽昂明**
> 태양앙명

태양(太陽)을 우러러 밝음에 듦으로써
《1-3의 길》을 따라 들어가

> **人中天地一**
> 인중천지일

인(人)의 우주 가운데서
천(天)의 우주와 지(地)의 우주가
하나가 되어
《1-3-1의 길》을 따라

> **一終無終一**
> 일종무종일

《법공(法空)》 진화(進化)의

끝남이 없는 끝남이
다시 《법공(法空)》으로 돌아가니
《1-3-1의 길》 운행(運行)도
끝이 나는 것이다.

[14] 천부경(天符經) 『의역(意譯)』

> **一始無始一**
> 일시무시일

《정명궁(正明宮)》

《진화(進化)》와 《탄생(誕生)》이

《중성자알대일(中性子卵大一)》이 되어

1-3-1의 길을 이루고

> **析三極 無盡本**
> 석삼극 무진본

《중성자알대일(中性子卵大一)》의 대폭발로

1-3의 길과 3-1의 길과 1-4의 길 등

세 갈래 길로 나뉘어진 끝에

《개천이전(開天以前)》《정명궁(正明宮)》에

의해 만들어졌던

물질(物質)의 씨앗들이

다하여 없어져

상천궁(上天宮)《여섯 뿌리》우주(宇宙)가

탄생이 되어

> **天――― 地―二 人―三**
> 천일일 지일이 인일삼

《천일일(天――)》우주를 중심하여

《지일일(地――)》·《지일이(地―二)》우주와

《인일일(人――)》·《인일이(人―二)》·

《인일삼(人―三)》우주를 만들고

《태양수(太陽數) 9》를 가진

《태양성(太陽星)》을 탄생시켜

> **十鉅一積 無匱化三**
> 십거일적 무궤화삼

열(十)을 하나(一)까지 크게 펼치고

하나(一)를 쌓아 아홉(九)을 이루므로

우주(宇宙)의 근본 바탕이

세 번 팽창하여

8의 우주(宇宙) 핵(核)을 탄생시킴으로써

> **天二三 人二三 地二三**
> 천이삼 인이삼 지이삼

《천이삼(天二三) 우주(宇宙)》와

《인이삼(人二三) 우주(宇宙)》와

《지이삼(地二三) 우주(宇宙)》가

차례대로 자리하고

《태양수(太陽數) 9》를 가진

《태양성(太陽星)》들이 탄생되어

> **大三合 六生七八九**
> 대삼합 육생칠팔구

대일합(大一合), 대이합(大二合),

대삼합(大三合)을 한 결과

[14] 천부경 의역

상계(上界)의 6의 우주(宇宙)들을

탄생시켜

7, 8, 9의 우주(宇宙)가

만들어지는 가운데

8의 우주인

우리들《태양계(太陽界)》에서는

> **運三四 成環五七**
> 운삼사 성환오칠

《태양성(太陽星)》과《수성(水星)》과

《금성(金星)》이

《지구(地球)》와《달(月)》과《화성(火星)》과

《목성(木星)》과 함께

둥근《원(圓)》의 고리를 이루고

《1-4의 길》운행(運行)을 하게 되면

다음으로《토성》,《천왕성》,《해왕성》,

《명왕성》이 자리하여

《지(地)의 우주》운행 길을

따르는 가운데

```
一妙衍 萬往萬來用
일묘연 만왕만래용
```

《석가모니 하나님 부처님》의 나눔인

《삼진(三眞)》이

만 번 갔다가 만 번 오는 움직임을

《우리들 태양계(太陽界)》에서

일으킴으로써

```
變不動本 本心本
변부동본 본심본
```

변하지 아니하는 움직이는 근본 뿌리가

본래 《성(性)의 30궁(宮)》이며

지일(地一)의 7성(星) 무리들도

마찬가지로써

> **太陽昂明**
> 태양앙명

《성(性)의 30궁(宮)》이
《지혜(智慧)》의 완성(完成)을 이루어
《순리(順理)》를 따라 돌아서 들어가

> **人中天地一**
> 인중천지일

인(人)의 우주 가운데서
천(天)의 우주와 지(地)의 우주가
하나가 되어
《순리(順理)》를 따르는
《시계 방향》 회전길을 따라

> ―終無終―
> 일종무종일

《법공(法空)》 진화(進化)의
끝남이 없는 끝남이
다시 《법공(法空)》으로 돌아가니
《순리(順理)》를 따르는
《시계 방향》 회전길 운행(運行)도
끝이 나는 것이다.

※ 《천부경(天符經)》『직역(直譯)』과 『의역(意譯)』
은 《음양(陰陽)》 관계로써 어느 한 편만 고집할
수 없는 경(經)임을 아시기 바란다.

부 록

[그림] 법공(法空) 1회 진화(進化) 주기
[그림] 법공(法空)의 주요 역사
[그림] 상천궁(上天宮)과 대공(大空)의 단면 둘레
[그림] 법공(法空)과 천일우주(天一宇宙)의 단면 둘레
[그림] 상천궁(上天宮) 10성(星)의 탄생
[그림] 유정천(有頂天) 위치
[그림] 우리들 태양계(太陽界)의 위치 이동
《테라(Terah)》에 대한 참고자료목록
《아브람(Abram)》에 대한 참고자료목록
《베드로(St. Pervet)》에 대한 참고자료목록
《콘스탄틴 대제》에 대한 참고자료목록
《성리학(性理學)》에 대한 참고자료목록
《지(智)》에 대한 참고자료목록
《십이인연법(十二因緣法)》에 대한 참고자료목록
《참회기도》에 대한 참고자료목록
[표] 《원본 천부경(天符經)》과 《왜곡된 천부경(天符經)》 비교

[그림] 법공(法空)의 1회 진화 주기

단위 : 지구계 시간 기준

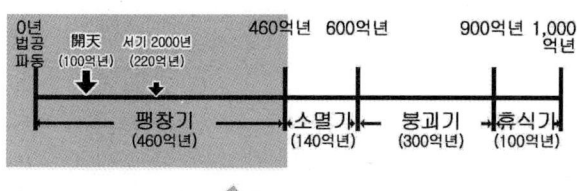

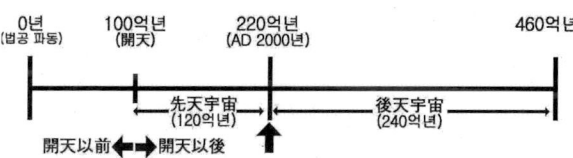

※ 서기 2000년에 예정되었던 中央天宮上宮 운행이 서기 2040년으로 연기됨.

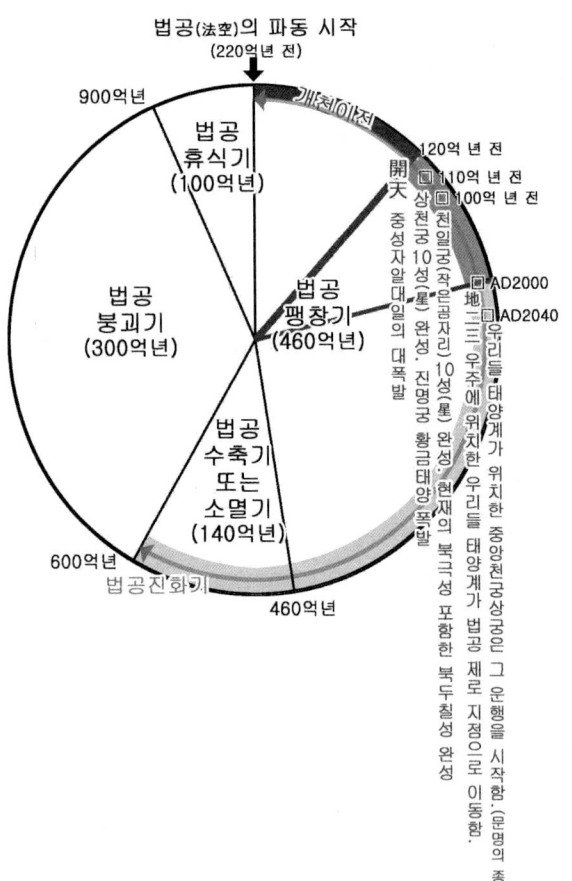

346 부록

상천궁(上天宮)과 대공(大空)의 단면의 둘레

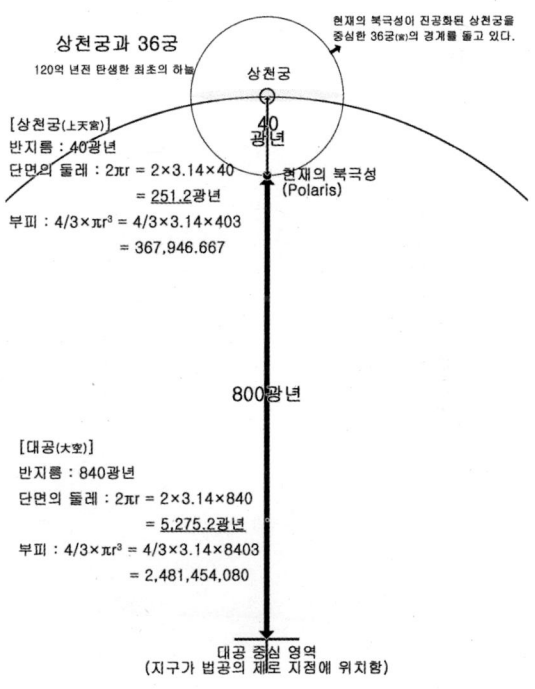

법공(法空)과 천일우주(天一宇宙)의 단면 둘레

[법공(法空)의 단면의 둘레]
부피 = 2,481,454,080(대공의 부피)÷40×100 = 6,203,635,200
r3 = 6,203,635,200 ÷4÷3.14×3 = 1,481,760,000
r = 3√1,481,760,000 = 1,140.055399광년
법공의 반지름 : <u>1,140</u>.055399광년
단면의 둘레 : 2πr = 2×3.14×1,140.055399 = <u>7,159</u>.54706광년
부피 : 4/3×πr³ = 4/3×3.14×1,140.0553993 = 6,203,635,200

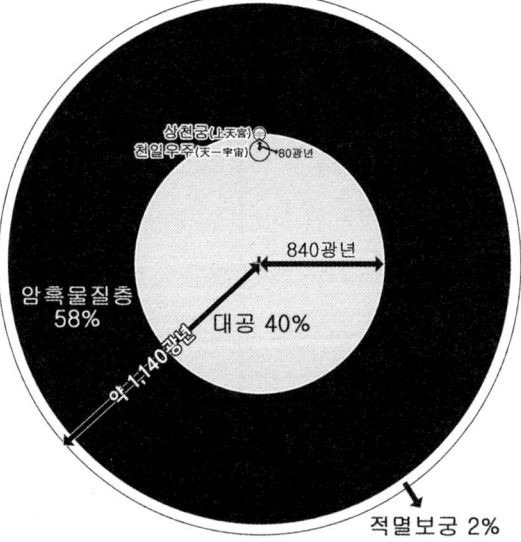

[천일우주(天一宇宙) 100의 궁(宮)]
반지름 : 80광년
단면의 둘레 : 2πr = 2×3.14×<u>80광년</u> = <u>502.4</u>광년
부피 : 4/3×πr³ = 4/3×3.14×80³ = 2,153,573.333

[그림] 상천궁(上天宮) 10성(星)의 탄생 정리

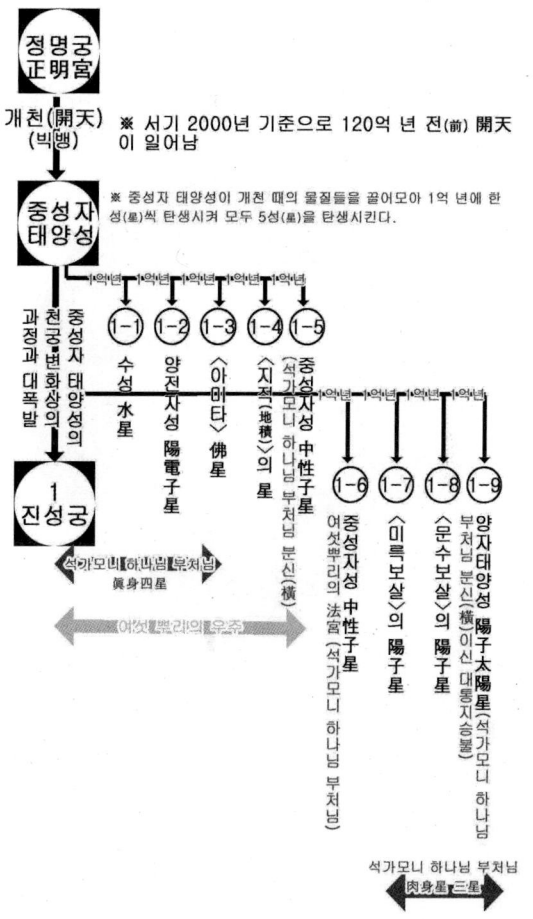

유정천(有頂天= 아가니타천) 위치

진화기 법공도(法空圖)

※ 대공의 북쪽 꼭대기에서 시작된 별들의 세계는
현재 법공 제로 지점으로 지구가 옮겨 와 있는 중계의 우주임.

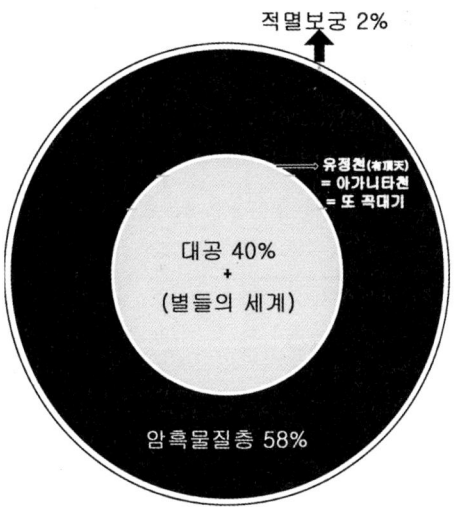

우리들 태양계의 위치 이동

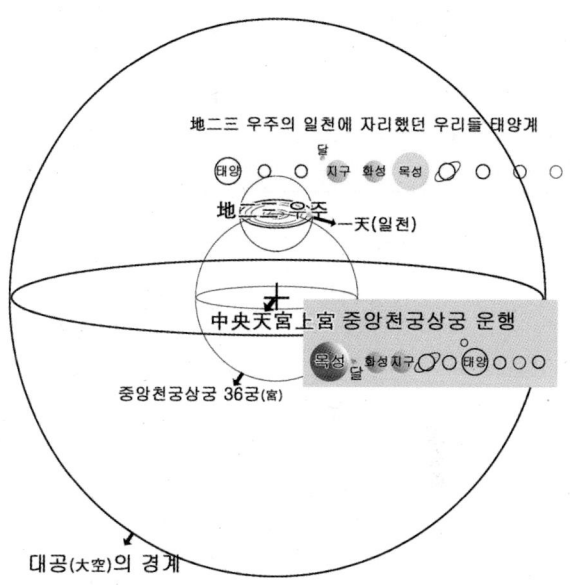

[테라(Terah)]

미륵불(2015), 진실된 세계의 역사와 종교 (上), ㈜아나, 473쪽~568쪽. 「5. 유대의 역사와 유대교와 로마-[1]유대인과 이스라엘인들의 우주적 진화의 역사」.

http://brahmanedu.org/hanguk/books/samilsingo/books_samilsingo_vods15_20170101.html (제15회 삼일신고 강의 동영상)

http://brahmanedu.org/hanguk/books/samilsingo/books_samilsingo_vods14_20170101.html (제14회 삼일신고 강의 동영상)

[아브람(Abram)]

미륵불(2015), 진실된 세계의 역사와 종교 (上), ㈜아나, 473쪽~568쪽. 「5. 유대의 역사와 유대교와 로마-[1]유대인과 이스라엘인들의 우주적 진화의 역사」.

http://brahmanedu.org/hanguk/books/samilsingo/books_samilsingo_vods63_201800203.html (제63회 삼일신고 강의 동영상-천일궁(天一宮) 우주 쿠데타의 실상2)

http://brahmanedu.org/hanguk/books/samilsingo/books_samilsingo_vods62_201800203.html (제62회 삼일신고 강의 동영상-천일궁(天一宮) 우주 쿠데타의 실상1)

http://brahmanedu.org/hanguk/books/samilsingo/books_samilsingo_vods61_20180120.html (제61회 삼일신고 강의 동영상)

http://brahmanedu.org/hanguk/books/samilsingo/books_samilsingo_vods15_20170101.html (제15회 삼일신고 강의 동영상)

http://brahmanedu.org/hanguk/books/samilsingo/books_samilsingo_vods14_20170101.html (제14회 삼일신고 강의 동영상)

http://brahmanedu.org/hanguk/books/special1/books_special1_vods.html (제42회~제49회「미륵부처님께서 밝히시는 잃어버린 진실된 한민족(韓民族)들의 역사」(2015년 1월 17일 ~ 2015년 3월 21일) 강의 동영상)

[베드로(St. Peter)]

미륵불(2015), 진실된 세계의 역사와 종교 (上), ㈜아나, 649쪽~678쪽.「5. 유대의 역사와 유대교와 로마-[3] 악(惡)의 축(軸) 1, 2, 3의 움직임-(4) 예수와 기독교」.

http://brahmanedu.org/hanguk/books/samilsingo/books_samilsingo_vods61_20180120.html (제61회 삼일신고 강의 동영상)

http://brahmanedu.org/hanguk/books/samilsingo/books_samilsingo_vods16_20170128.html (제16회 삼일신고 강의 동영상)

http://brahmanedu.org/hanguk/books/samilsingo/books_samilsingo_vods14_20170101.html (제14회 삼일신고 강의 동영상)

http://brahmanedu.org/hanguk/books/special1/books_

special1_vods.html (제60회~제61회 「미륵부처님께서 밝히시는 잃어버린 진실된 한민족(韓民族)들의 역사」 (2015년 6월 6일, 2015년 6월 20일) 강의 동영상)

[콘스탄틴 대제]

미륵불(2015), 진실된 세계의 역사와 종교 (上), ㈜아나, 649쪽~678쪽.「5. 유대의 역사와 유대교와 로마-[3] 악(惡)의 축(軸) 1, 2, 3의 움직임-(4) 예수와 기독교」.

http://brahmanedu.org/hanguk/books/samilsingo/books_samilsingo_vods61_20180120.html (제61회 삼일신고 강의 동영상)

http://brahmanedu.org/hanguk/books/samilsingo/books_samilsingo_vods43_20170819.html (제43회 삼일신고 강의 동영상)

http://brahmanedu.org/hanguk/books/samilsingo/books_samilsingo_vods15_20171011.html (제15회 삼일신고 강의 동영상)

http://brahmanedu.org/hanguk/books/special1/books_special1_vods.html (제60회~제62회 「미륵부처님께서 밝히시는 잃어버린 진실된 한민족(韓民族)들의 역사」 (2015년 6월 6일, 2015년 6월 20일) 강의 동영상)

[성리학(性理學)]

미륵불(2015), 진실된 세계의 역사와 종교 (上), ㈜아나, 848쪽~850쪽.「제2장 탈취당한 한반도-1. 한반도에서 일어나는 3차 인간들 이치의 소용돌이-[3] 고려왕조-(4) 고려 왕조와 유교-특기 7 : 한(漢) 무제(武帝)와 성리학」.

김현두(2013), 미륵부처님께서 밝히시는 한민족(韓民族)들이 가야만 하는 길, ㈜아나, 212쪽~221쪽.「제2장 아리랑(阿理郞)-5. 우주의 표준문자-[4]노예근성과 엘리트 의식-(1) 성리학(性理學)과 주희(朱熹, 생몰 AD941~AD1011)」.

http://brahmanedu.org/hanguk/books/samilsingo/books_samilsingo_vods61_20180120.html (제61회 삼일신고 강의 동영상)

http://brahmanedu.org/hanguk/books/samilsingo/books_samilsingo_vods43_20170819.html (제43회 삼일신고 강의 동영상)

http://brahmanedu.org/hanguk/books/samilsingo/books_samilsingo_vods15_20170101.html (제15회 삼일신고 강의 동영상)

http://brahmanedu.org/hanguk/books/special1/books_special1_vods.html (제12회「미륵부처님께서 밝히시는 잃어버린 진실된 한민족(韓民族)들의 역사」(2014년 2월 15일) 강의 동영상)

http://brahmanedu.org/hanguk/books/urgent1/books_urgent1_vods.html (제15회, 제16회「미륵부처님께서 밝히시는 한민족(韓民族)들이 가야만 하는 길」(2014.1.1.) 강의 동영상)

[智(지) : 슬기]

미륵불(2016), (최종개정판) 우주간의 법 해설 정본(正本) 반야바라밀다심경, ㈜아나

미륵불(2015), (개정판) 우주간의 법 해설 삼일신고(三一神誥), ㈜아나 등

http://brahmanedu.org/hanguk/books/heart/books_heart_vods25.html (제25회 정본(正本) 반야바라밀다심경 강의 동영상)

http://brahmanedu.org/hanguk/books/heart/books_heart_vods26.html (제26회 정본(正本) 반야바라밀다심경 강의 동영상)

http://brahmanedu.org/hanguk/books/samilsingo/books_samilsingo_vods11_20161203.html (제11회 삼일신고 강의 동영상)

http://brahmanedu.org/hanguk/books/samilsingo/books_samilsingo_vods22_20170304.html (제22회 삼일신고 강의 동영상)

http://brahmanedu.org/hanguk/books/samilsingo/books_samilsingo_vods23_20170304.html (제23회 삼일신고 강의 동영상)

http://brahmanedu.org/hanguk/books/samilsingo/books_samilsingo_vods24_20170318.html (제24회 삼일신고 강의 동영상)

http://brahmanedu.org/hanguk/books/samilsingo/books_samilsingo_vods25_20170318.html (제25회 삼일신고 강의 동영상)

http://brahmanedu.org/hanguk/books/samilsingo/books_samilsingo_vods26_20170401.html (제26회 삼일신고 강의 동영상)

http://brahmanedu.org/hanguk/books/samilsingo/books_samilsingo_vods27_20170401.html (제27회 삼일신고 강의 동영상)

http://brahmanedu.org/hanguk/books/samilsingo/books_samilsingo_vods40_20170805.html (제40회 삼일신고 강의 동영상)

http://brahmanedu.org/hanguk/books/samilsingo/books_samilsingo_vods45_20170902.html (제45회 삼일신고 강의 동영상)

http://brahmanedu.org/hanguk/books/samilsingo/books_samilsingo_vods47_20170916.html (제47회 삼일신고 강의 동영상) 등

[십이인연법(十二因緣法)]

http://brahmanedu.org/hanguk/books/heart/books_heart_vods14.html(제14회 정본 반야바라밀다심경 강의 동영상 2016년 5월 21일)

http://brahmanedu.org/hanguk/books/heart/books_heart_vods24.html(제24회 정본 반야바라밀다심경 강의 동영상 2016년 8월 6일)

http://brahmanedu.org/hanguk/books/heart/books_heart_vods25.html(제25회 정본 반야바라밀다심경 강의 동영상 2016년 8월 6일)

http://brahmanedu.org/hanguk/books/samilsingo/books_samilsingo_vods49_20171004.html (제49회 삼일신고 강의 동영상)

[참회기도]

http://brahmanedu.org/hanguk/books/heart/books_heart_vods10.html(제10회 정본 반야바라밀다심경 강의 동영상 2016년 4월 16일)

http://brahmanedu.org/hanguk/books/heart/books_heart_vods18.html(제18회 정본 반야바라밀다심경 강의 동영상 2016년 6월 18일)

http://brahmanedu.org/hanguk/books/heart/books_heart_vods26.html(제26회 정본 반야바라밀다심경 강의 동영상 2016년 8월 20일)

http://brahmanedu.org/hanguk/books/samilsingo/books_samilsingo_vods25_20170318.html(제25회 삼일신고 강의 동영상 2017년 3월 18일)

http://brahmanedu.org/hanguk/books/samilsingo/books_samilsingo_vods26_20170401.html(제26회 삼일신고 강의 동영상 2017년 4월 1일)

http://brahmanedu.org/hanguk/books/samilsingo/books_samilsingo_vods27_20170401.html(제27회 삼일신고 강의 동영상 2017년 4월 1일)

http://brahmanedu.org/hanguk/books/samilsingo/books_samilsingo_vods39_20170715.html(제39회 삼일신고 강의 동영상 2017년 7월 15일)

http://brahmanedu.org/hanguk/books/samilsingo/books_samilsingo_vods46_20170916.html(제46회 삼일신고 강의 동영상 2017년 9월 16일)

http://brahmanedu.org/hanguk/books/samilsingo/books_samilsingo_vods51_20171021.html(제51회 삼일신고

강의 동영상 2017년 10월 21일)

http://brahmanedu.org/hanguk/books/samilsingo/books_samilsingo_vods52_20171104.html(제52회 삼일신고 강의 동영상 2017년 11월 4일)

http://brahmanedu.org/hanguk/books/samilsingo/books_samilsingo_vods53_20171104.html(제53회 삼일신고 강의 동영상 2017년 11월 4일)

http://brahmanedu.org/hanguk/books/banyaze.html(사흘 반야제 : 영가(靈駕)들을 위한 법문 2018년 3월 1일 목 ~ 3월 3일 토)

http://brahmanedu.org/hanguk/books/samilsingo/books_samilsingo_vods69_20180818.html(제69회 삼일신고 강의 동영상 2018년 8월 18일)

[표] 《원본 천부경》과 《왜곡된 천부경》 비교

천부경(天符經) 원문(原文)	불법(佛法) 파괴된 천부경(天符經)
一始無始一 일시무시일	一始無始一 일시무시일
析三極 無盡本 석삼극 무진본	析三極 無盡本 석삼극 무진본
天一一 地一二 人一三 천일일 지일이 인일삼	天一一 地一二 人一三 천일일 지일이 인일삼
<u>十鉅一積</u> 無匱化三 십거일적 무궤화삼	<u>一積十鉅</u> 無匱化三 일적십거 무궤화삼
天二三 <u>人二三 地二三</u> 천이삼 인이삼 지이삼	天二三 <u>地二三 人二三</u> 천이삼 지이삼 인이삼
大三合 六生七八九 대삼합 육생칠팔구	大三合 六生七八九 대삼합 육생칠팔구
運三四 成環五七 운삼사 성환오칠	運三四 成環五七 운삼사 성환오칠
一妙衍 萬往萬來用 일묘연 만왕만래용	一妙衍 萬往萬來用 일묘연 만왕만래용
變不動本 本心本 변부동본 본심본	變不動本 本心本 변부동본 본심본
太陽昻明 태양앙명	太陽昻明 태양앙명
人中天地一 인중천지일	人中天地一 인중천지일
一終無終一 일종무종일	一終無終一 일종무종일